ars vivendi
Krimi

Tatort Franken
No. 6

ars vivendi

Dank

Der *ars vivendi verlag* bedankt sich sehr herzlich: bei den Teilnehmern am Fränkischen Krimipreis 2015 für die vielen spannenden Beiträge, bei der Jury für ihren großen Einsatz und bei den *Nürnberger Nachrichten* für die gute Zusammenarbeit.

Originalausgabe

Erste Auflage Mai 2015
© 2015 by ars vivendi verlag
GmbH & Co. KG, Cadolzburg
Alle Rechte vorbehalten
www.arsvivendi.com

Textnachweise
»Am Kanal« von Tommie Goerz
erschien erstmals in: Tommie Goerz,
Der Tod kommt schnell, Cadolzburg 2015
»Die Jagd nach dem Kunigunden-Rubin«
von Thomas Kastura erschien erstmals in:
Thomas Kastura, *Fünf Leichen zu viel*,
Cadolzburg 2015

Umschlaggestaltung: Silke Klemt
Druck: CPI Ebner & Spiegel, Ulm

Printed in Germany

ISBN 978-3-86913-503-8

Tatort Franken No. 6

Inhalt

Fränkischer Krimipreis 2015: Gewinnerbeiträge

Helwig Arenz
Spiel und Spaß

»Seit wann bist du wieder draußen?«, fragte Isa.

Wie oft sollte ich diese Frage in den kommenden Wochen noch hören! »Seit Dezember«, antwortete ich.

»Und seit wann bist du wieder hier?«

»Seit Montag.«

Isa war an der Stadtgrenze zugestiegen, und nun hatten wir Zeit bis zur Maximilianstraße, um unser Wiedersehen gebührend zu feiern. Sie sah gut aus. War wohl noch nicht lange her, dass sie beim Friseur gewesen war. Ich wollte ihr durch die Haare fahren, weil sie so frisch und sauber aussahen, aber sie ließ mich nicht, lehnte sich heftig zurück.

»Ey, ne!«, rief sie. Ich lachte. Es machte mir nichts, ich war einfach nur gut gelaunt. Die U-Bahn sauste mitten hinein ins gleißende Sonnenlicht. Mit so einer kosmischen Vergoldung sah sogar Muggenhof toll aus. Ich sog jeden Anblick gierig in mein Hirn. Die letzten Monate war es immer andersherum gewesen: Ich saß da in meiner Zelle, meinem »Zimmer«, wie ich es lieber nannte, und schaute nach draußen. Draußen bewegte sich alles, der Regnitzarm floss frei und glitzernd dahin, nur ich saß fest. Eine kleine Lebenspause, eine angeordnete Portion Nichts. Leider kriegt man die Zeit, die man untätig rumsitzt und überlegt, wie man sich am schlauesten aufhängt, nicht zurück. Also wollte ich jetzt umso mehr!

»Und was hast du jetzt vor?«, unterbrach Isa meine Gedanken.

»Viel!«, rief ich und lachte, »viel!«

Ich verabredete mich mit Isa auf einen Kaffee »demnächst mal«, und schon fegte sie aus der U-Bahn und war auf und davon.

Geil, dachte ich, Isa! Es war ziemlich fremd zwischen uns, das spürte ich schon. Zweimal hatte sie mir nur geschrieben, aber sie hatte heute so was Frisches und Starkes im Gesicht, da wollte ich immer hinfassen. Wenn sie mich doch gelassen hätte!

Wann hatten wir uns zum letzten Mal gesehen? Ach ja, genau, erinnerte ich mich und musste lachen. Ich lachte einfach wie blöde laut auf, und es war mir scheißegal, wie die dummen Fürther Fressen glotzten. Es war ja auch zum Schießen!

»Isa, ich geh Brötchen holen!«, hatte ich zu ihr gesagt. Da hatten wir noch zusammengewohnt, und ich war noch warm von ihrem Körper am Morgen im Bett. »Ich geh Brötchen holen«, und dann war ich einfach nicht wiedergekommen. Wie in einem schlechten Film. Dumme Sache das. Ich hatte es gemacht wie all die Male zuvor. War in mein Auto gestiegen, war nach Bamberg gefahren zu einer der Bäckereien, die ich mir ausgesucht hatte. Dann warten, schön bis keine Leute mehr da waren und die Kasse richtig voll war. Und dann bin ich rein. Höflich war ich immer gewesen, da kann mir keiner was ans Bein flicken!

»Guten Tag, das ist ein Überfall«, hatte ich gesagt. Dann hatte ich die Plastiktüte auf den Tresen gelegt und die Dame gebeten, sie vollzumachen. Es waren immer Damen, darauf achtete ich. Manchmal, wenn ich übermütig war und es gut lief, habe ich mir noch ein Croissant dazupacken lassen. »Ach, ich meine natürlich ein Bamberger, Entschuldigung.«

Ich kam mit recht wenig Requisiten aus: Pfefferspray, das ich noch nie benutzt hatte, und eine Schreckschusspistole. Tüte und Maske nicht zu vergessen. Das lief eine Weile gut. Ich kam mit tausend bis tausendfünfhundert Euro davon, die Damen mit dem Schrecken. Bis auf dieses eine verfluchte Mal! Da hatte ich die Scheißtüte liegen gelassen, weil ein Kunde reingekommen war. Ich war abgehauen, aber die hatten ja meine ganzen Biodaten von früher! Und die Frau im Laden hat mich später wiedererkannt.

»Ich bin ausgebildete Friseurin«, hat sie ganz eingebildet zu Protokoll gegeben, »ich habe ein Auge für Gesichter!« Und dieses Scheißauge für Gesichter hat mich dermaßen zu Fall gebracht, das kann ich gar nicht sagen. Vier verdammte Jahre wegen bewaffneten Raubüberfalls. Und Isa? Die hat gewartet. Dann hat sie angerufen. Dann hat sie sich selber Brötchen geholt – auf die herkömmliche Weise –, und dann, ja dann hat sie einen Riesenärger mit der Polizei gehabt, meinetwegen. Wir haben uns nicht wiedergesehen. Bis zu dem Tag in der U-Bahn.

Aber das ist ja nur die Vorgeschichte. Es geht noch weiter, und zwar heftig. Ich bin nämlich dann auch aus der U-Bahn gestiegen und schön hoch zum Jobcenter. Da musste ich brav meine Anträge stellen und nicken und lächeln und hoffen, dass für A–F kein Wichser zuständig war. Aber man geht einfach nicht an einem Ersten des Monats zum Arbeitsamt, das wissen doch schon die Anfänger! Alles voller gescheiterter Existenzen, die bis auf die Straße hinaus Schlange stehen, und die Sachbearbeiter haben zerfetzte Nerven.

Nachdem mir also von behördlicher Seite klargemacht worden war, dass ich mir mein Leben von jetzt an gefälligst ins geputzte Arschloch stecken könne, stand ich da und sah meine ganze gute Laune im Abfluss versickern.

Es sind dann in der nächsten Zeit noch so ein paar dumme Sachen passiert, die mir meine Lebensaussichten doch ein wenig getrübt haben, aber schön der Reihe nach. Erst mal habe ich am Mittwoch meine Mutter getroffen. Wir saßen im *Stadtparkcafé*, das hatte sie immer so gemocht. Ich erzählte ihr ein bisschen von mir.

»Ach Junge, wohnst du jetzt wieder hier?«, fragte sie und lächelte mich fahrig an. Ihr Gesicht war fahl und recht alt geworden in der ganzen Zeit, die wir uns nicht mehr gesehen hatten. Aber das war nicht das Schlimmste!

»Ich hab jetzt eine schöne Wohnung in der Südstadt«, erzählte ich. »Wenn du die Waldstraße hinterfährst und dann zu Edeka. Da noch ein Stück weiter, wo die ganzen Spielhallen sind.« Sie sagte nichts. Sie reagierte nicht. Sie blickte auf die Uhr, eine wirre, weiße Strähne fiel ihr auf die Nase, dann fragte sie nervös: »Kriegen wir hier auch was zu trinken?«

»Du hast eben bestellt, Mama!«, rief ich. Das stimmte. Tee für sie, Kaffee für mich (koffeinfrei). Sie fragte mich nach meiner Freundin.

»Das hab ich dir doch eben erzählt«, schrie ich sie an, »Isa und ich sind schon lange nicht mehr zusammen!«

»Wohnst du jetzt hier?«

Und da begriff ich es langsam. Ich sah meine Mutter an. Wie sie dasaß, klein und zerbrechlich, zu klein für den unansehnlichen Mantel, den sie trug, zu dünn für den Stuhl, auf dem sie saß, als wollte sie weniger und weniger werden, als wollte ihr Körper die Erde, diese

schwere, einsame, immer weniger und weniger berüh-
ren. Als wäre sie schon bald ganz woanders.

»Wie geht's dir denn?«, fragte ich nach einer Weile
leise und mit einem Kloß im Hals.

»Ach, es geht so dahin.«

Ich fragte sie aus, was sie denn mache den lieben langen Tag lang, und das, was sie aus ihrem Alltag erzählte,
klang haargenau so wie das, was ich über den Alltag in
der JVA erzählen würde. Nichts zu tun, rumsitzen, keiner besucht einen. Aber das Leben! Wo war das Leben
in ihrer Stimme? Ich sah in ihre Augen und suchte den
Glanz, der dort einst gewesen war. Aber diese Augen waren nicht mehr da, diese Augen gab es nicht mehr.

Ich war recht wortkarg den Rest unseres Treffens über.
Ich fragte noch dies und das und wünschte, mein Stuhl
stünde tausend Meter weiter weg von dieser Tischkante,
von dieser verschmierten Tasse Tee, die sie immer wieder
selbstvergessen mit mehr und mehr Zucker vollschütte-
te. Als wir gingen, hatte sie keinen Schluck getrunken.
Ich legte den Arm um ihre knochigen Schultern und
führte sie aus dem Café. Schweigend und langsam gingen wir zum Bahnhof, wo ich sie in den Bus steigen ließ,
der sie nach Hause bringen würde, und ich hatte keine
Ahnung, ob sie wusste, wo sie würde aussteigen müssen
und wo es dann hinging. Ich hätte sie begleiten sollen,
aber ich stand einfach da. Starr und schwer, unendlich
schwer, und dachte nur: Ich halte das nicht aus. Als der
Bus verschwunden war, war ich froh. Ich war froh, dass
sie weg war.

Herr im Himmel, dachte ich abends. Ich wünschte, meine Mutter würde jetzt in einer U-Bahn sitzen, in einer

U-Bahn, die keine Schienen braucht, keinen Strom, die einfach abhebt und durch die Luft saust, immer weiter nach oben, bis hinein in die Wolken, bis in den Himmel, bis in das große Unbekannte. Und da säße ihr irgendwer gegenüber. Jemand, der ihr auf die Schultern klopfen und sie mit fester Stimme fragen würde: »Und, seit wann bist du draußen?«

Und sie würde lachen und mit leuchtenden Augen sagen: »Seit ein paar Tagen. Das da unten hat mir nicht mehr so gefallen.«

Und dann würde dieser andere fragen: »Und was hast du jetzt vor?«, und meine Mutter würde lachen und antworten: »Viel, viel!«, und dann würde sie sich die Haarsträhne aus dem Gesicht wischen, die ihr auf die Nase gefallen war – mit einer energischen Geste, wie früher –, und zufrieden lächeln. Einfach dasitzen und lächeln.

Ich machte kurz darauf wieder einen Überfall und versuchte auch, Isa noch mal zu treffen. Dabei hätte ich mich fast aus ihrem Fenster gestürzt. Aber alles schön der Reihe nach.

Ich habe mich nicht sehr lange vorbereitet. Pfefferspray und Gaspistole waren nicht schwer zu besorgen. Aber nur keine Bäckereien mehr! Nur das nicht. Brotloses Handwerk. Nein, ich war sauer, richtig sauer. Auf das Leben, auf meine Mutter, die einfach irgendwohin verschwunden war, während ich weg gewesen war, und auf Isa, weil sie sich einfach nicht bei mir meldete. Spaß und Spiel!, dachte ich immer wieder. Das Leben ist Spaß und Spiel.

Ich machte das Licht in meiner Wohnung nicht an, ich hatte keine Lust auf Licht. Saß da und trank eine

Dose Bier nach der anderen, bis ich so richtig in Stimmung war. Die Plastiktüte und das übrige Zeug lagen neben mir, ich griff mir meine Sachen – sie fühlten sich vertraut an in meinen feuchten Händen – und lief los, durch die großen, lauten Straßen. Ich ging langsam und genoss die Schatten, trat in sie hinein und ging in ihnen noch langsamer und nahm so viel von ihrer Finsternis in mich auf, wie ich konnte. Da vorne war es hell. Die Leuchtreklame einer Spielhalle hackte grelle Blitze in meine Schwärze. Penetrantes Licht, das sich in meine Augen drückte und dort fast wehtat. Das war mir Zeichen genug, da ging ich hinein. Es waren nicht viele Leute da, hinter einem Tresen stand ein Typ. Mist, ein Typ war es diesmal.

»Wann macht ihr zu?«, fragte ich ihn. Der Mann war recht groß und kräftig gebaut. Aber seine Augenbrauen waren dicht und lieb. Irgendwie lieb.

»Bis drei kannste noch!«, nuschelte er und beugte sich sofort wieder über sein Smartphone. Also ging ich raus und wartete zwanzig Minuten. Vier Gäste hatte ich gesehen, die zusammengesunken vor ihren Automaten gehangen hatten. Vier schlurfende Gestalten sah ich hinaus in die Nacht treten und sich in der Dunkelheit verlieren. Dann ging ich rein.

»Mach keinen Scheiß, das ist ein Überfall!«, schrie ich und rannte auf den Tresen zu. Ließ ihn meine Pistole sehen und wedelte mit dem Pfefferspray.

»Runter auf den Boden, du Drecksau!«, schrie ich. Höflich, nein, höflich war ich nicht mehr. Der Typ stand gar nicht hinter dem Tresen, wo ich ihn erwartet hatte. Er stand rechts von mir an einem Automaten. Ich war eine Sekunde lang verwirrt, das nutzte er aus. Er sprang auf mich zu und fuchtelte mit den Armen in der Luft herum und brüllte. Ich wich zurück. Vergaß, die Pistole zu benutzen, mein Finger tastete nach dem Druckkopf des Sprays, aber für den Arsch, es klappte nicht. Ich bekam direkt noch einen Tritt ans Knie, einen zaghaften zwar, einen lächerlichen, aber das war's. Das war mir zu viel; wer hätte so viel Engagement von so einem Scheißfuzzi erwartet? Nein, das war ein Umgang, den ich nicht gewöhnt war von meinen Überfällen. Ich machte ganz schnell kehrt und verschwand und hastete die Straßen entlang, die sich übereinanderlegten und mir ihre Leere anboten, ihre Bedeutungslosigkeit, die mich aufnahm. Ich versteckte mich in ihr, ich rannte und rannte und rannte, obwohl gar niemand hinter mir war. Rannte, bis ich nicht mehr konnte und irgendwo zusammenbrach, zwischen den Fabriken, auf einem wertlosen Baugrund, der sich wunderbar anbot, um auf ihm über alles nachzudenken. Das tat ich.

Und eine Stunde später ging der Fight in die zweite Runde. Mit einem kaputten Schuh – ich hatte mir tatsächlich einen Absatz abgefetzt – hechelte ich nach Hause. Zum Duschen hatte ich keine Zeit, aber ich setzte mich an den Küchentisch und trank Kaffee, einen halben Liter fast, echten Kaffee, bis ich mich richtig gesund fühlte. Aß einen Toast, der Aufschnitt war leider vergammelt. Und lachte in mich hinein.

Denn jetzt war mir alles klar. Ich wusste genau, was zu tun war. Es klingt ein bisschen wie eine Wiederholung, aber so war es eben. Ich griff mir meine Tüte, das Spray, die Pistole und machte mich zum zweiten Mal auf den Weg. Gutes Timing hatte ich, das muss man mir lassen. Die Spurensicherung war gerade abgezogen. Ich sah noch die roten Rücklichter des letzten Polizeiwagens, der eben von der Spielhalle wegfuhr und um die Ecke brauste. Nichts mehr zu tun, alles erledigt, Kollegen. Ob sie sich über meinen missglückten Überfall amüsierten? Na, wenn schon! Morgen würde ihnen das Lachen im Hals stecken bleiben.

»Guten Tag, ich bin's wieder!«, rief ich laut und fröhlich, als ich in die Halle trat. Der Typ hatte seine Jacke angezogen, stand hinter der Kasse am Tresen und wollte nun endlich Feierabend machen. Aber heute nicht.

»Spiel und Spaß!«, rief ich, ging zu ihm hin, sprühte ihm eine Ladung Gewürze ins Gesicht und schlug mit der Faust vorsichtshalber noch mal nach.

»Hat ja vorhin nicht so recht geklappt, mach mal die Kasse auf, jetzt, wir wollen alle heim!« Der Typ war so perplex, dass er am Anfang sogar vergaß zu heulen und sich die Nase zu halten. Aber dann kam das schon. Er kniete sich hin und wimmerte und bettelte irgendwas.

»Hör auf zu nuscheln, du Scheiße!«, schrie ich, »Kasse auf!« Das machte er. Tastete sich mit den blutigen Händen an den Apparaten entlang, bis er die Kasse fand, das Geldfach rauslöste und in die Luft hielt.

»Hier bin ich, Trottel!«, rief ich und langte nach der Kassette. Sie war schwer und fett.

»Haben wir beide heute ein gutes Geschäft gemacht, was?«, sagte ich, klopfte ihm auf die Schulter und verließ den Tatort.

Einen Tag machte ich Pause, so um mir den Kopf wieder geradezurücken – ich mach das ja auch nicht alle Tage –, und dann fuhr ich zu Isas alter Wohnung.

Ich klingelte, aber sie war nicht da.

»Isa! Isa!« Ich stand unten im Hof und rief zu ihrem Fenster hinauf. Manchmal machte sie nicht auf, wenn sie nicht wusste, wer klingelte. Ist gar nicht so dumm eigentlich. Aber diesmal nichts. Nur Stille. Also ich die Treppen rauf und geklopft. Ich wartete dann eine Zeit lang im Treppenhaus, aber es passierte gar nichts, außer dass ich plötzlich trübe Laune bekam. Also schloss ich einfach auf und ging rein. Den Schlüssel hatte ich ihr nie zurückgegeben.

Die Wohnung war klein und sauber. Man kam direkt vom Treppenhaus ins Wohnzimmer, ohne Flur oder Diele. Da stand ihr ganzes Zeug rum – so wie früher! Und ich kam mir auf einmal vor wie in einem Museum, in einem Museum meines Lebens. Ich kannte das alles ja, kannte jeden Winkel, jeden Schrank, jede Schramme. Und überall war ich noch. Ich im Spiegel. Ich in den Laken. Ich in den feuchten Teebeuteln, die auf der Spüle lagen. Ich in der halb offenen Schublade, aus der ein Sockenzipfel hing. Ich, ich und wieder ich.

Meine Augen drückten in meinen Kopf. Ich legte ein Bündel Geldscheine in die Tasse ganz hinten in der Vitrine, nicht so viel, dass sie misstrauisch werden würde, nur ein bisschen. Damit sie sich etwas kaufen konnte, was sie brauchte, oder mehr heizen im Winter oder essen gehen. Und dann wollte ich heimfahren. Aber ich konnte nicht weg, konnte nicht aus der Wohnung. Sie hielt mich fest, es war zu viel von mir noch darin. Also versuchte ich mich fortzuwischen von den Dingen. Versuchte mich abzuschaben von der Spüle, mich wegzustreicheln von den Laken, mich abzulösen von dem Spiegel. Danach stand ich auf dem Teppich und sah in meine Hände. Sie waren leer. Das war also alles, was hier von mir übrig war. Eine Handvoll Nichts.

Ich drehte mir eine Zigarette, öffnete das Fenster, wie ich es schon tausendmal zuvor getan hatte, und setzte mich aufs Fensterbrett. Sah hinunter. Ein ganzes Leben weit unter mir war der Hof. Kahl und weiß gekalkt machte er ein kleines Becken voller Nichts zwischen die Häuser. Wie um mir zu sagen, dass ich genau dahin gehörte, da hinunter zwischen die Mülltonnen. Ich schickte Rauchfähnchen in den grauen Himmel, sog mir ein ganz klein wenig Ruhe in die Lungen und spielte andauernd mit dem Gedanken, mich dabei so zu entspannen, dass ich einfach hinunterkippte. Aber wenn ich in mich hineinhorchte, wenn ich ganz still war, hatte ich doch den Eindruck, mein Leben fühlte sich irgendwie wertvoll an. Wenn man genau hinschaut, entdeckt man immer etwas Schönes. Auf einmal ging die Tür unten auf, und eine Gestalt humpelte über den Hof. In einem verknitterten Trenchcoat, den ich gut kannte, und obendrauf ein blonder Schopf, den ich auch kannte.

»Warum humpelst du?«, rief ich Isa an.

»Was machst du in meiner Wohnung?«, schrie sie zurück. Als sie oben war, schlug sie mir auf die Füße, bis ich von der Fensterbank sprang.

»Du gibst mir diesen Scheißschlüssel zurück!«, schrie sie mich an. »Du schuldest mir hunderttausend frische Brötchen! Was denkst du eigentlich, einfach so zu verschwinden?« Dann sah sie mich böse an und schüttelte mürrisch den Kopf. Ich musste lachen.

Wir einigten uns auf ein Bier. Dann ging ich heim. Zum Abschied fuhr ich ihr mit der Hand durch die Haare. Immerhin.

Sigrun Arenz
Bäume

»Wann hat es begonnen?«

Wann es angefangen hat?

»Ja, es muss doch einen Beginn geben. Einen Samen, aus dem der Baum gewachsen ist. Oder eine Wurzel, über die man stolpert, wenn Sie so wollen, und das ist der Anfang. Daraus ergibt sich alles andere. Der Beginn eben.«

Nein, so war es nicht.

»Aber hat es nicht ein Vorher und ein Nachher gegeben? Es war doch nicht schon immer so? Es hat einen Anfang gehabt, einen Auslöser vielleicht?«

So war es nicht. Es gibt ein Vorher, aber keinen richtigen Anfang. Es ist, als ob man in eine Baumkrone hinaufschaut. Die Sonne flirrt auf den Blättern, alles vermischt sich, Licht und Schatten rinnen ineinander. Erinnern und Vergessen. Hier ein Lichtfleck, da ein deutlich umrissener Schatten. Aber kein klares Muster. Kein Anfang.

»Na gut«, erwidert er. »Die Lichtflecken, die deutlich umrissenen Schatten. Was sind sie?«

Sie holt tief Luft, und die Erinnerungen beginnen wie über einen alten Filmprojektor zu flimmern, voller Risse und Blitze und plötzlicher Brüche, aus denen einzelne Bilder und kurze Szenen herausstechen:

Ich bin fünfzehn. Ich bin in den Park gelaufen, die letzten zwei Stunden habe ich geschwänzt. Liebeskummer und Mathe, das geht einfach nicht zusammen, unmöglich. Sie ist fünfzehn und zieht die Beine an, zieht sie auf die abgeblätterte Sitzfläche der Bank, umschlingt die Knie mit den Armen und starrt auf den geteerten Weg vor sich. Blickt irgendwann auf, hinter sich, *als ob mich einer beobachtet, so fühlt es sich an. Einer steht hinter mir und beobachtet mich.* Sie wendet sich um, ihr Blick trifft den glatten Stamm der riesigen Buche in ihrem Rücken, folgt ihm, hinauf und immer weiter hinauf, bis in die Krone, und eine Art Schwindel ergreift sie. *Als ob ich kopfüber hinge. Wo ist oben und unten?* Der Gedanke erhellt ein anderes Bild, halb vergraben unter den vielen Erinnerungen, die sie beiseiteschiebt, wann immer sie kann. *Eine Brücke. Die Pegnitz fließt vor mir davon, die Bäume spiegeln sich im Wasser. Kopfüber, wie eine umgedrehte, eigene Welt.* Die Spiegelbilder sind gestochen klar, nur manchmal verwirbeln sie, verlieren die Kontur, zeigen, dass sie ein Eigenleben haben unter der Oberfläche. *Das Wasser ist dunkel und still, eine verkehrte Welt, die mich zu sich zieht.* Sie wendet ihren Blick ab und flüchtet.

»Sonst noch etwas?«

Die Erinnerungen flimmern über den Projektor, knackend wie ein alter Super-8-Film, unterbrochen von weißen Flecken und Mustern, aber der Bilderstrom reißt nicht ab. *Ein Baum im Sturm. Die Äste peitschen und schwingen hin und her, und das Geräusch – ein Brausen, laut, aber fern. Als ob es aus dem Nachbarzimmer zu hören wäre.*

»Was würde passieren, wenn das Brausen richtig nah wäre?«

Es kommt nie näher. Das macht es so beängstigend. Es ist mächtig, obwohl es nicht einmal da ist.

Irgendwann merkt sie, dass sie nicht mehr gerne durch den Park geht, nicht mehr gerne unter den Bäumen hindurch, nicht mehr an ihren Stämmen vorbei.

Jener andere Tag – sie ist gegangen, *wohl eine Stunde lang, über Land, kurz vorm Abi, ich musste weg vom Schreibtisch.* In ihren Ohren pocht das Blut, sie hört nichts anderes mehr, und die Sonne scheint grell und heiß auf sie herab. Der Baum – *eine alte Weide mit weit ausladenden Ästen, die über den Weg hingen und eine Art Zelt bildeten –* verspricht willkommenen Schatten. Sie stellt sich darunter. Er verschluckt die Sommerstille und breitet eine andere Stille um sie aus – kathedralenartig, gewaltig, bedrängend. *Ein Baum ist ...*

»Was? Ein Baum ist ...?« Sie antwortet nicht, wählt ein anderes Bild, klarer und schärfer als die anderen, *das letzte Mal ... das erste Mal ... ein paar Monate ist es her ... ich bin auf dem Weg zu einer Freundin.* Sie kennt die neue Wohnung noch nicht, sucht sich ihren Weg durch die breiten, aber seltsam verwinkelten Straßen am Südstadtpark, endlich entdeckt sie die ehemalige Baracke, mächtig und eigen, mit den modernen Betonkuben, die auf das Dach gesetzt wurden, und der alten Ziegelsteinfassade im ersten Stock. Das muss es sein, und sie will auf das Gebäude zugehen, da sieht sie den Baum. *Riesig ist er, erhebt sich über die Front des Hauses, überschattet es, wie ein Wächter.* »Niemand kommt an mir vorbei«, scheint er zu sagen.

Sie kommt nicht an ihm vorbei. Ein Grauen erfasst sie. Ihre Füße weigern sich, sie weiterzutragen, unter die mächtige Krone aus Eichenlaub. Die Äste ragen in einen grauen, dramatischen Himmel wie Hände, wie Finger. Die Ausstrahlung dieser Eiche ist so gewaltig, dass sie wie eine Mauer wirkt.

»Was haben Sie getan?«

Meine Freundin angerufen. »Ich kann das Haus nicht finden«, *sagte ich. Eine glaubhafte Lüge.* Es sei nicht leicht zu finden, die Siedlung ist ein bisschen verwinkelt, meld dich noch mal, bevor du herumirrst. *Ich sehe sie unter den Schatten des Baumes treten, winken –* »Du warst schon ganz nah, wir müssen nur noch in diesen Fußweg«. *In ihrer Begleitung schaffe ich es, an dem Baum vorbeizugehen.* Ihre Freundin bemerkt den Blick, den sie hinauf in die Krone wirft. »Ja, gewaltig, nicht wahr? Ich stelle mir vor, er bewacht das Haus.« Nur macht ihr das offensichtlich keine Angst.

Die Stille und Macht des Baumes drücken auf sie nieder, sie muss ihren Schritt beschleunigen, um nicht vor Entsetzen stehen zu bleiben, um nicht in Panik davonzurennen. *Es war das letzte Mal. Das erste Mal. Dieser Baum hätte mich umgebracht. Nie wieder bin ich seither in den Schatten einer Baumkrone getreten. Ein Baum ist …*

»Hören Sie«, unterbricht er sie, und in seiner Stimme schwingt Besorgnis mit. »Ich glaube, Sie sollten das besser jemand anderem erzählen.« Sie weiß, was jetzt kommt. Phobie. Die Furcht hat nichts mit der Sache zu tun, sie kann sich auf alles Mögliche beziehen. Angst vor Australien zum Beispiel. Sie müssen die Quelle der Angst finden. Vergessen Sie die Bäume, stellen Sie sich dem eigentlichen Problem … »Ich kann Ihnen nicht helfen. Sie sollten sich an einen Psychotherapeuten wenden. Das hier ist nicht mein Metier. Ich bin Privatdetektiv, kein Psychiater.«

Sie beugt sich nach vorne, umfasst sein Handgelenk. Sieht ihn an. *Helfen Sie mir. Finden Sie es heraus. Es muss eine Antwort geben. Dafür sind Sie doch da, um Fragen zu beantworten.*

Sie ist verrückt, denkt er; seine Augen verraten es deutlicher als seine Worte. Aber sie ist auch eine Klientin.

Und sie ist jung, achtzehn, neunzehn vielleicht, und sie will keine andere Hilfe annehmen als seine. Er wird tun, was er kann, bis sie einsieht, dass es sinnlos ist. »Also schön. Wie hat es angefangen?«

So ist es nicht. Es gibt kein klares Vorher und Nachher.

»Es muss etwas geben, wo ich ansetzen kann. Konzentrieren Sie sich.« Er denkt an den Satz, den sie zweimal begonnen hat, zweimal nicht beendet. Vielleicht geht es nicht um die Chronologie, überlegt er. *Ein Baum ist ...,* hat sie gesagt. Er schreibt die Worte auf ein Blatt Papier, schiebt es ohne Worte zu ihr hinüber, reicht ihr den Kugelschreiber.

Sie ist verrückt, denkt er. Ich muss verrückt sein. Es ist Nacht, und über ihm rauschen die Bäume, *ein Brausen, laut, aber fern,* hat sie gesagt. Äste knacken unter seinen Füßen, der Pfad führt gerade in den Wald hinein, an einer kleinen Kapelle vorbei. Über ihm ist der Himmel von einem dunklen, stürmischen Grau; Wolken eilen darüber hinweg, manchmal den Blick auf einen Stern freigebend, bis die Baumkronen über ihm die Sicht versperren, dunkle, hohe Stämme, die neben ihm am Wegrand emporragen. Tiefer im Wald hört er das langsame, quietschende Ächzen von dünnen Stämmen, im Wind bewegt. Dann das Bellen eines Fuchses auf der anderen Talseite. Als er zum ersten Mal einen Fuchsschrei gehört hat, vor einigen Jahren bei einem Spaziergang mit dem Hund, hat er geglaubt, jemand würde ermordet im Schatten unter den Bäumen. Jetzt weiß er, was er hört, aber er mag die kreischenden, verzweifelt klingenden Rufe noch immer nicht. *Der Wald,* hat sie gesagt, *auf der Höhe über dem Dorf. Vielleicht dort. Ein Baum ist ... ein Baum ist ...* Es fiel ihr schwer, den Satz zu beenden. *Es gibt eine Stelle, auf dem halben Weg nach Langenzenn rüber, ein Hünengrab ...* Der Weg führt eine Anhöhe hinauf und dann mit wenigen Biegungen weiter. Was mache ich hier, fragt er sich, bei Nacht im Wald auf der Suche nach – wenn er wenigstens wüsste, wonach. Sie ist verrückt, denkt er wieder.

»Nichts.« Er schüttelt den Kopf. »Ich habe die alte Grabstätte gefunden. Ich habe alles abgesucht. Es gibt dort nichts zu finden.« Er sagt ihr nicht, dass er zunächst nachts dort war. Er weiß selbst nicht so genau, warum er das getan hat. Noch weniger, warum er zwei Tage später bei Tageslicht wiedergekommen ist, warum er den Bereich sorgfältig abgesucht hat, als folge er einer Spur, nicht einem Hirngespinst.

Und jetzt?

»Geben Sie es auf.« Er seufzt. »Ich habe es versucht. Es gibt nichts zu entdecken. Sie haben schlicht und einfach Angst vor Bäumen. Ich kann Ihnen nicht helfen.« Und gleichzeitig fällt ihm wieder ihr unvollendeter Satz ein: *Ein Baum ist ...* Sie hat Angst vor Bäumen. Eine Phobie. Er hat darüber gelesen. Und doch ... Es hat mit einem Unbehagen begonnen, einem verrückten Gedanken oder Gefühl. Jeder kennt das. Wer so jung ist wie sie besonders. Ein plötzlicher Schwindel weht einen an, eine Fantasie, fast wie eine Vision – und verschwindet wieder, ohne Spuren zu hinterlassen. Ist etwas passiert zwischen dem Unbehagen und dem Moment, in dem die Eiche vor ihr stand wie eine Mauer, wie ein Wächter? *Ein Baum ist ...*, hat sie erklärt.

»Wir haben an der falschen Stelle angefangen«, hört er sich selbst sagen. »Vergessen Sie den Wald.« Sie hat von Bäumen geredet, ja, aber die großen Erinnerungen hatten alle mit einem einzelnen Baum zu tun. Wieder reicht er ihr ein Blatt, einen Stift. »Malen Sie. Den einen Baum. Den schlimmsten.«

Sie ist keine große Künstlerin mit dem Bleistift, aber etwas an ihrer Zeichnung vermittelt ihm eine Ahnung von ihrem Entsetzen. Der Baum wirkt grotesk, knorrig, verdreht, böse; seine Äste schlängeln sich in alle Richtungen, dehnen sich bis zum Rand des Papiers, kriechen fast darüber hinaus. Der Stamm ist erdrückend, dunkel, rissig, voll schwarzer Astlöcher, besetzt von hässlichen Knoten und Schwellungen. Die Wurzeln bedecken die gesamte Basis des Papiers, ein Heer von Schlangen, von Peitschen. Es ist kein Baum, der sich in einem Naturführer finden würde, eher die Ausgeburt eines Albtraums. Er unterdrückt sein Schaudern ebenso wie die innere Stimme, die ihm sagt, dass er seine Zeit verschwendet, und sieht sie an. »Wo?«, fragt er. »Wo steht dieser Baum?«

Sie sieht ihre eigene Zeichnung an wie etwas Fremdes, Unbegreifliches. *Ich weiß es nicht. Ich glaube nicht, dass es ihn gibt. Es ist nur ein ... nur mein schlimmstes Bild. Ein Baum ist ...* Sie atmet tief, die Augen auf den gemalten Baum gerichtet, die Fäuste geballt. Ihr Albtraum. Die Quintessenz ihrer Angst. *Sie hatten recht*, murmelt sie. *Ich habe einfach Angst vor Bäumen. Eine Phobie. Ich sollte gehen.*

Er beugt sich über den Tisch, fasst ihr Handgelenk, als sie aufstehen will, fest und entschlossen. »Noch nicht«, widerspricht er. »Schauen Sie sich den Baum genau an.«

Es gibt keinen solchen Baum. Was soll das sein? Eine Eiche? Eine Weide? Ich weiß nicht einmal, ob ich an einen bestimmten Baum gedacht habe. Ich habe einfach nur ...

»Was ist das?«, fragt er und deutet auf einen dunklen Fleck am Fuß des Stammes. Er sieht aus, als habe sie dort etwas hingezeichnet und dann übermalt, mit kreisenden Bewegungen, bis nur noch ein Wirbel übrig geblieben ist. Und in dem Wirbel ein Schatten, kaum noch ein Umriss, etwas wie ... »Ist das ein Kreuz?«

Sie starrt die dunkle Stelle an, einen tieferen Schatten in dem Gewirr aus Schwärze und Zweigen aus Angst. Ein Kreuz. *Ja*, sagt sie. Aber warum?

Am Tor des Friedhofs bleibt sie stehen, die Fersen in den weichen, lehmigen Boden gedrückt, wie ein störrisches Kind, das sich weigert, einen weiteren Schritt zu tun.

»Sie müssen mir helfen«, sagt er leise. »Ich kann nicht alle Bäume abgehen, die irgendwo in der Gegend stehen und vielleicht ...« Vielleicht – was auch immer. Ich muss verrückt sein, denkt er wieder. Was mache ich hier? Die Grabsteine sind alt, verwittert, die Inschriften kaum mehr lesbar. Dazwischen türmen sich Bäume auf, efeubewachsen, glatt und hoch und dunkel. Sie haben keine Ähnlichkeit mit dem Albtraumbaum, den sie gemalt hat, aber er ist sich sicher, dass der Baum, den sie suchen, mit dem Bild äußerlich nicht übereinstimmen wird. »Wann waren Sie hier?«, fragt er, um ihr Zeit zu geben, ehe sie den Friedhof betreten muss. Sie muss nicht nachdenken. Halloween. *Meine Schulfreunde und ich ...* Es war im letzten Schuljahr vor dem Abi. *Gruselgeschichten wollten wir uns erzählen zwischen den Grabsteinen.* Sie schüttelt den Kopf über sich selbst. *Wir hatten Vampirfilme gesehen. Claudia hat drei Nächte lang Albträume gehabt.* »Und ist etwas passiert in dieser Nacht? Wo habt ihr gesessen? Unter einem Baum?« Sie dreht sich um, weg vom Friedhof, eine endgültige Geste. *Nein, ich mochte da schon keine Bäume. Wir saßen da drüben, mitten zwischen den Grabsteinen. Das hier ist nicht der Ort, den wir suchen.* Er hat es schon geahnt, aber es frustriert ihn trotzdem. Das Kreuz hätte gepasst zu einem Friedhof. Wo sollen sie jetzt suchen? Sein Blick wandert den dunklen Stamm des nächsten Baums hinauf, bis in die Krone, wo zwei Krähen in den Ästen sitzen. Ihr raues »Rah, rah« klingt harsch zu ihnen herunter, aber sie achtet nicht darauf, sondern geht zurück Richtung Straße. Er folgt ihr, ratlos.

Was jetzt?
   »Es muss irgendeinen anderen Anhaltspunkt geben. Etwas, das Sie vergessen haben.« Er reicht ihr wieder ein leeres Blatt. »Denken Sie an den Baum. Den einen. Den schlimmsten. Gehen Sie weiter weg von ihm. Was ist in seiner Nähe?« Ihr Gesicht zeigt nichts, keine Erinnerung, keine Gedanken. Sie zuckt die Schultern; nicht mehr viel, und sie wird gehen, mit ihrem Geheimnis und ihrer Angst, und nicht wiederkommen. Ich sollte sie gehen lassen, denkt er. Wider besseres Wissen beugt er sich vor, sieht sie eindringlich an. »Der Baum«, wiederholt er. »Gehen Sie weiter weg von ihm.«
   Sie zeichnet rasch, mürrisch fast, die verdrehte, groteske Säule ihres Baumstamms in die Mitte des Blatts. Selbst aus der Entfernung sieht er falsch aus, bedrohlich. Sie wirft den Stift hin. Sie hat nicht mehr zu zeigen als den Baum. *Es hat doch eh keinen Sinn.* Zum ersten Mal klingt sie wie der verstockte Teenager, der sie vor gar nicht langer Zeit gewesen sein muss. Er hält ihren Blick aus, wartend, auffordernd, bis sie den Stift wieder aufnimmt. Mit widerwilligen Bewegungen setzt sie unter den Baum

einen Hügel, und an dessen Fuß ein Auto nach Kinder-
manier, ein Rechteck mit zwei schiefen Rädern. *Da, zufrieden?* Sie schleudert ihm die Worte trotzig entgegen,
aber dann bleibt ihr Blick an ihrer eigenen Zeichnung
hängen, und er kann sehen, dass da eine Erinnerung ist,
mehr ein Schatten als ein Gedanke. »Rufen Sie mich an,
wenn es Ihnen einfällt«, fordert er sie auf. Er ist müde
und wünschte, sich nie auf die Sache eingelassen zu haben. Seit drei Nächten träumt er von Bäumen – von Bäumen, die für ihn keine Bedrohung sind, sondern Rätsel.
Sie lassen Spuren und Hinweise fallen wie Blätter, sie
locken ihn in ein Labyrinth aus Zweigen und Wurzeln,
aber sie geben ihr Geheimnis nicht preis. Er träumt von
Bäumen, als er zwei Tage später vor Erschöpfung nach-
mittags auf dem Sofa einschläft. Das Klingeln des Tele-
fons weckt ihn.

Ich weiß – ich glaube, ich weiß, wo der Baum steht.

Es dämmert, als sie vom Parkplatz aus auf den Hügel
steigen. Das Dorf liegt ein paar Kilometer entfernt; erste Lichter scheinen herauf zu ihnen. Der Baum – eine
mächtige Linde, schon aus der Entfernung gewaltig und
beeindruckend – beherrscht die Anhöhe. Es ist kein
Baum, an dem man einfach so vorbeigeht. Rechts davon
beginnt, nicht weit entfernt, der Wald, der sich über die
Höhenrücken des Fürther Hinterlands zieht, aber die
Linde steht für sich. Majestätisch, denkt er. Bedrohlich,
findet sie; ihr Blick verrät es, ihre Körpersprache, ihr Zögern, wie sie langsamer und langsamer wird, je näher sie
dem Gipfel kommen. *Das ist der Baum. Wenn es ihn überhaupt gibt, dann ist es dieser Baum.* Ihre Stimme klingt
klein, ängstlich. Er lässt sie stehen, in sicherer Entfer-

nung, und geht auf den Stamm zu. Es ist windstill, und nur gelegentlich hört er ein Rascheln in den Blättern. Er kann nichts Besonderes sehen, nicht ohne Taschenlampe, und er geht zurück zu ihr, um ihr das zu sagen, als aus dem nahen Wald ein Schrei ertönt. Sie fährt zusammen, die Augen weit vor Entsetzen. Ein weiterer Schrei. »Keine Angst, das ist nur ein Fuchs«, beruhigt er sie. Aber sie schüttelt den Kopf, das Grauen in ihrem Gesicht ist nicht zu verkennen. *Das Kreuz*, flüstert sie. *Sie haben es dort gelassen. Zusammen mit ...* Die Erinnerung schlägt über ihr zusammen, ihr Albtraum. Wie lange ist es her? Ein paar Monate vielleicht, irgendwann nach den Abiturprüfungen in dem kurzen Zeitraum ohne Verpflichtungen, eine Zeit, über der noch jetzt Alkoholdünste zu schweben scheinen. Sie hat getrunken in dieser Nacht. Viel getrunken. Mit ihrem Freund geknutscht. Sie sind zum Parkplatz gelaufen und dann ein Stück den Hügel hinauf und dann ... »Hab dich nicht so«, hat er gesagt, als sie zögerte, sich mit ihm unter die Linde zu setzen. Das Unbehagen ist schon da gewesen, noch keine Panik, aber mit ihm zusammen wäre es gegangen. Bis zu dem Augenblick, wo sie die anderen hören. »Hab dich nicht so«, sagt er erneut und zieht sie mit sich, unter die weit ausladenden Zweige. Ihr wird schwindlig, sie hat zu viel getrunken, und als sie hinaufschaut, dreht sich alles, werden die Äste zu Schlangen, zu Peitschen, und der leichte Wind wird zu einem Brausen, fern, aber mächtig. Sie stolpert über eine Wurzel, er zieht sie weiter, und dann hört sie den Schrei und ihr dreht sich der Magen um, und der Baum umtobt sie von allen Seiten, Blätter, Zweige, Wurzeln, alles dreht sich, vermischt sich mit dem Gestank nach Erbrochenem und nach Blut ...

»Hier ist es.« Seine Stimme klingt verwundert, als er ihr das Kreuz in die Hand legt. Er hat die Wurzeln abgesucht, die kleinen Höhlungen, die Ritzen. Er hat das Kreuz tatsächlich gefunden, das sie ohne nachzudenken an den Fuß ihres Albtraumbaums gemalt hat. Sie hat recht gehabt. »Da waren auch ein paar Knochen«, fährt er fort, vorsichtig ihre Reaktionen überprüfend. »Tierknochen, würde ich vermuten.« Sie ist weiß wie ein Tuch, bemerkt er – als ob sie sich gleich übergeben müsse. Aber sie nickt, und dann dreht sie das Kreuz langsam um, bis es auf dem Kopf steht.

»Das ist doch alles nur Spaß«, hat er gesagt, ihr Freund, und sie mit in den Kreis gezogen, den die anderen – eine kleine Gruppe schwarz gekleideter Jugendlicher – unter dem Schutz der Zweige gebildet hatten. Aber auch er ist blass geworden, als er die Katze gesehen hat und das Messer. Vielleicht hat er sogar gesagt: »He, hört auf damit!«, aber wenn, dann haben sie ihn nicht beachtet. Der Baum ist in ihrem Bewusstsein von einem Ding zu einer Gegenwart geworden, die sie umgibt und bedrängt, eine unerbittliche, schreckliche Präsenz; sie schaut hinauf in das Gewirr von Ästen und sieht Steine und leuchtende Kiesel. Sie fällt zu Boden, die Nase in den Sternen und den Wolken. Die Wurzeln um sie herum bewegen sich wie ein aufgepeitschtes Meer, und in das Rauschen des Windes mischt sich das Schreien einer gequälten Katze. Der Stamm wiegt sich über ihr, hin und her, hin und her, und sie weiß, jeden Augenblick wird er auf sie herabstürzen, sie ins Dunkel reißen. Das ferne Brausen des Windes mischt sich mit ihrem panischen Schrei, und dann plötzlich ist es still und sie sieht nichts mehr.

»Was ist passiert damals?« Er kann es sich denken,

will nur die Einzelheiten wissen. Sie erzählt es ihm. *Am nächsten Morgen bin ich daheim aufgewacht.*

»Und Sie haben sich an nichts erinnert?« Es verwundert ihn nicht. Der Alkohol und der Schock. Nur die Angst war geblieben. »Und Ihr Freund?«

Hat kurz darauf Schluss gemacht. Er hat diese Nacht niemals erwähnt. Vielleicht hat er es auch vergessen.

Ich würde nicht darauf wetten, denkt er, aber er sagt nichts weiter. »Fahren wir zurück«, schlägt er vor. Es ist dunkel geworden, und ein leichter Wind ist aufgekommen. Drüben im Wald bellt ein Fuchs, und in den Kronen braust es, ein fernes, aber mächtiges Rauschen.

Er fährt sie nach Hause, hält vor dem Reihenhaus im Dorf an, in dem sie noch bei ihren Eltern lebt. Sie öffnet den Sicherheitsgurt und bleibt noch einen Moment sitzen. Dunkelheit umgibt sie, aber aus vielen Fenstern in der Straße scheint ein wenig Licht durch die Vorhänge. *Man kann nichts tun, oder? Wegen der Katze und dem ganzen Zeug?* Er schüttelt grimmig den Kopf. »Nicht nach so langer Zeit. Es würde kein eindeutiges Ergebnis mehr bringen ... selbst, wenn Sie die Namen wüssten, glaube ich nicht ...« Sie nickt, und es tut ihm plötzlich leid, nichts Besseres sagen zu können.

»Ich kann mich ja gelegentlich mal umschauen in der Gegend. Wahrscheinlich war es nur eine einmalige Aktion, aber falls sie wiederkommen ...« Es ist nicht viel, kaum ein Versprechen und sicherlich kein Plan, doch seine Worte bringen sie zum Lächeln. »Eines noch«, hält er sie zurück, als sie die Autotür öffnen und aussteigen will. »Ich habe mich gefragt, wie der Satz ... Sie haben ihn nie beendet. *Ein Baum ist ...?*«

Sie atmet in ihre Angst hinein, die immer noch da ist, und plötzlich weht etwas sie an, eine Fantasie oder eine Vision. Eines Tages – nicht morgen, nicht nächstes Jahr, aber eines Tages – wird sie eine Wanderung über Land unternehmen, an einem heißen Sommertag über Feldwege laufen, die harte, trockene Erde unter ihren Füßen, den süßen Geruch von Heu in der Nase, und in der Mittagshitze wird sie sich in den Schatten eines mächtigen Baumes setzen und durch die Zweige in den Himmel hinaufsehen. Die Vision verschwindet und hinterlässt nichts als ein Echo in ihrem Sinn.

Sie wendet sich zu ihm, reicht ihm die Hand. Abschied und Dank.

Ein Baum ist ein Baum.

Veit Bronnenmeyer

Der Elvis von Bad Suppengrün

Elvis ist tot. Das weiß die Reinigungskraft Anezka Semianova ganz genau. Trotzdem liegt an jenem Morgen im Spabereich des Wellnesshotels *Metropol* im fränkischen Bad Suppengrün ein toter Elvis im Whirlpool. Anezka kommt jeden Morgen um halb sechs zum Putzen und fängt pünktlich um sechs Uhr zehn mit der kleinen Halle an, die als Ruhezone deklariert ist und durch große Panoramafenster einen grandiosen Ausblick auf die Ausläufer des Fichtelgebirges bietet. Die Bauerstochter aus dem westböhmischen Hazlov, vierfache Mutter und bereits dreifache Großmutter, ist kein Mimöschen, zieht den King of Rock 'n' Roll beherzt aus dem Thermalwasser und schaut mal nach, ob da womöglich noch irgendwas zu machen ist. Ist es nicht. Sie überlegt kurz, ob sie jetzt ihren Chef holen oder erst noch putzen soll, und entscheidet sich dann für Letzteres. Der Boss kann ganz schön fuchtig werden, wenn der Spabereich um sieben Uhr nicht blitzt und glänzt.

Der Tote ist natürlich nicht Elvis persönlich, sondern Klaus Blechschlager, der die Gäste des Hotels allabendlich mit Musikdarbietungen unterhielt. Dabei muss Blechschlager beschieden werden, dass seine Stimme der von Elvis bestenfalls in Teilbereichen nahe kam. Dafür war der fränkische Imitator deutlich schlanker als der King zur Zeit seiner großen Livekonzerte. Die optische Übereinstimmung stellte er ansonsten mit einem weißen, glitzernden und perlenbesetzten Kostüm sowie mit einer passenden Perücke her. Den Rest erledigten günstige Cocktails nach original hawaiianischen Rezepten und ein Glas Gratisprosecco pro Dame, und schon verwandelte sich der ehemalige Festsaal des *Metropol* zu einer tropischen Rock-'n'-Roll-Arena.

Von daher verwundert es nicht, dass Paul Lamitz, Besitzer und Geschäftsführer des *Metropol*, die Leiche eigentlich diskret verschwinden lassen will, als er von dem Fund in seinem Spa erfährt. Zum Ersten bedeutet der tote Elvis schlechte Publicity, zum Zweiten schwant ihm, dass die Polizei seinen Wellnessbereich mindestens eine Woche in Beschlag nehmen wird, und zum Dritten hätte das eh keinen Sinn, weil die gute Anezka schon alles blitzblank gewienert hat und es mit ziemlicher Sicherheit sowieso keine Spuren mehr gibt; den Blechschlager würde das alles zudem auch nicht mehr lebendig machen. Der zupackende Manager beschließt also, den Leichnam zunächst im alten Gewölbekeller zwischenzulagern und ihn dann nach Einbruch der Dunkelheit mit ein paar Steinen in einem Kartoffelsack in einem tschechischen See zu versenken. Dummerweise verliert dann aber eine seiner Physiotherapeutinnen die Nerven, als sie gerade frische Handtücher aus der Wäscherei holen will und dabei Lamitz über den Weg läuft, der sich mit dem toten Elvis abmüht. Panisch kreischend rennt sie nach oben und verständigt auf dem Weg in Richtung Ausgang mit ihrem Handy die Polizei.

Der Mann, der etwa eine Stunde später die Szenerie betritt, ist bereits zu seinen Lebzeiten eine Legende. Rainer

Maul ist einzigartig, weil er mit aktuell achtzehn Strafversetzungen einen Rekord hält, der Führungskräften bei der bayerischen Polizei regelmäßig den Angstschweiß auf die Stirn treibt, wenn sie bei anderen Präsidien oder dem Innenministerium um personelle Unterstützung ersuchen müssen. Woran das liegt, wird sich sicher im weiteren Verlauf noch andeuten, vorher sei nur darauf hingewiesen, dass Maul nun schon seit einem Jahr nicht mehr strafversetzt wurde, weil er mittlerweile eine eigene Dienststelle leitet, also gewissermaßen sein eigener Vorgesetzter ist. Ein uralter Trick im Umgang mit untragbaren Beamten: Wenn du sie nicht loswerden kannst, musst du sie befördern.

Allerdings sind Mauls Möglichkeiten, die anfallende Arbeit auf Untergebene abzuwälzen, äußerst gering, da ihm außer dem devoten, aber einfältigen Otto leider keinerlei Personal zur Verfügung steht.

»Das sieht ganz und gar nicht gut für Sie aus, Herr ..., äh, Hotelchef.« Maul sitzt am Rand des Whirlpools.

»Aber ich habe doch nur an meinen Betrieb gedacht, an meine Gäste und natürlich die Mitarbeiter«, Lamitz wirkt zerknirscht, aber nicht unbedingt schuldbewusst, »es ist doch schon schlimm genug, dass ich einen neuen Elvis brauche. Was glauben Sie, welche Umsatzeinbußen so ein ... Todesfall bedeutet? Da ist es nur eine Frage von Wochen, bis ich Leute entlassen muss.«

»Ich habe es nie so mit Elvis gehabt«, sagt Maul.

»Ich schon«, strahlt Otto, »meine Mama ist ein großer Fan!«

»Ist das jetzt so wichtig?« Der Hotelchef wirkt ungeduldig.

»Sie wurden jedenfalls gesehen, als Sie die Leiche wegschaffen wollten. Das legt den Schluss nahe, dass Sie auch für den Tod dieses Elvis verantwortlich sind«, Maul schnippt mit den Fingern und lässt sich von Otto die Liste der bisher beteiligten Personen reichen, »Blechschlager heißt er ja wohl.«

»Ich habe Ihnen doch gerade erklärt, dass ich nur Schaden von meinem Betrieb abwenden wollte. Und vom Ort. Wissen Sie nicht, dass wir die Einzigen in Bad Suppengrün sind, die noch über Heilwasser verfügen?«

»Nein, woher sollte ich?«

»Der Brunnen ging in den Siebzigerjahren kaputt«, erklärt Lamitz, »also der Hauptbrunnen. Mitten in der Ölkrise. Damals hatte die Stadt kein Geld, um die maroden Rohre auszuwechseln. Die gehen zweihundertfünfzig Meter in die Tiefe. Dann hat man mehr auf Wintersport gesetzt, aber ... na ja, Sie wissen ja selbst, wie viel Schnee wir hier noch haben.«

»Und wo kommt dann Ihr Wasser her?«

»Wir haben zum Glück eine kleine Nebenader der Quelle unter unserem Grund«, der Chef deutet auf den Boden, »zum Glück auch nicht ganz so tief. Die haben wir in den Neunzigern erschlossen und diese Oase hier aufgebaut, wobei wir die Kosten für die Brunnenbohrung erst seit ein paar Jahren wieder drinhaben. Warum sollte ich also den Blechschlager umbringen? Der beschert mir jeden Monat über zehntausend Euro mehr!«

»Wie das?« Maul schaut auf. »Nur weil er singt?«

»Er singt, und die Damen tanzen. Einmal *Jailhouse Rock*, und dann, na ja, brauchen sie halt ein paar Anwendungen extra.«

»Und die kosten auch extra.«

»Ein bisschen«, Lamitz lächelt schief.

»Das bringt jetzt aber alles nichts.« Maul steckt den Finger in den Whirlpool und nimmt eine Geschmacksprobe – Salzsole. »Dadurch, dass Sie ihn weggeschafft und dann auch noch geputzt haben, sind alle Spuren hin ...«

»Das war ich doch nicht, das war unsere Reinigungskraft, die sofort alles sauber gemacht hat. Noch bevor ich überhaupt was wusste ...«

»Das lässt sich jetzt nicht mehr zweifelsfrei feststellen«, Maul beginnt, seine Schuhe und Socken auszuziehen, »das ist alles so gründlich gereinigt, dass ich gar nicht weiß, was die Jungs von der Spurensicherung hier überhaupt noch tun. Ich habe hier nichts, das mir weiterhilft, außer der Leiche und meiner Lebensweisheit ...« Er krempelt die Hosenbeine hoch. »Wir wissen ja noch nicht einmal, woran er gestorben ist.«

»Ja, wenn hier sowieso nichts mehr zu machen ist, dann könnte ich den Spabereich ja wieder für die Gäste öffnen, oder?« Lamitz ist Geschäftsmann durch und durch.

»Ja, machen Sie nur ... in einer Stunde oder so«, seufzend hebt Maul seine Unterschenkel in das warme Heilwasser, »aahh, sehr schön. Ich habe da manchmal so Hautirritationen, wissen Sie.«

»Eberhard«, ruft Lamitz nach seinem Hausmeister, »sag gleich meiner Frau Bescheid, ab neun ist das Spa wieder für alle geöffnet!«

»Ihre Frau ist auch mit von der Partie?« Maul gibt Otto ein Zeichen, mitzuschreiben.

»Ja, sie kümmert sich um die Wellnessprodukte. Salben, Cremes, Wässerchen und das ganze Zeug. Das muss ja heute alles bio sein. Damit kenne ich mich nicht aus.«

»Bioschnaps gibt es auch, habe ich gesehen«, wirft Otto ein.

»Ja, den brennt ebenfalls meine Frau. Nach einem Geheimrezept ihrer Großmutter.«

»Den können wir ja später noch probieren«, Maul hebt einen Fuß aus dem Wasser und massiert sich die Sohle, »aber jetzt würde ich sagen, Sie liefern mir erst einmal ein paar Verdächtige, sonst muss ich Sie mitnehmen, Herr, ... äh ...«

»Lamitz«, sekundiert Otto.

»Ja, wie soll ich das denn machen?«, ruft der Hotelchef entsetzt. »Ich kann doch nicht einfach jemanden verdächtigen.«

»Ich an Ihrer Stelle würde genau das jetzt tun!«

»Also, seine Frau ist ein bisschen ... man könnte sagen: aufbrausend.« Lamitz wischt sich den Schweiß von der Stirn.

»Well, a hard headed woman, a soft hearted man, been the cause of trouble, ever since the world began«, singt Otto.

»Das müssen Sie sich einmal vorstellen: über zwanzig Jahre verheiratet. Über zwanzig Jahre habe ich die durchgefüttert und zugesehen, wie sie ihre Plastikkarten in Geldautomaten schiebt. Habe mir selber so gut wie nichts geleistet, und dann ... brennt die einfach mit so einem Versicherungsheini durch und nimmt auch noch meine Tochter mit ...« Maul sitzt nun gänzlich in dem Whirlpool und redet mit zwei Seniorinnen über sein Lieblingsthema – sich selbst.

»Und dann haben wir erst einmal prozessiert, jahrelang. Erst um die Tochter, dann ums Haus, dann um den

Zugewinn, dann, weil ich ihrem Neuen einmal die Drogenfahndung nach Hause und einmal die Steuerfahndung ins Büro geschickt habe ... da braucht man sich doch nicht wundern, wenn man Hautprobleme kriegt«, er hebt einen Fuß aus dem Wasser, »bei dem Stress.«

»Da müssen Sie unbedingt die Salbei-Rosmarin-Salbe von Frau Lamitz probieren«, rät ihm die Freifrau von Niederstolz, die Seniorin zu seiner Linken, »damit war ich mein Ekzem noch schneller los als meinen zweiten Mann.«

»Oder die Chili-Koriander-Creme«, meint Frau Krugmann-Barscheck, ihres Zeichens Privatiere und Bleistiftfabrikantenwitwe, »damit habe ich meine Neurodermitis auch in den Griff gekriegt.«

»So was kann ich mir nicht leisten mit meinem kleinen Polizistengehalt«, sagt Maul eher beiläufig.

»Sie sind von der Polizei?«, rufen beide Damen ganz entzückt. »Dann stimmt das also wirklich, dass hier heute Nacht jemand ...«

»Nicht nur jemand, sondern der Elvis des Hauses!«

»Was? Der Klaus?!«

»Was können Sie mir denn so von dem erzählen?«, beginnt Maul eine verschwörerische Befragung, die jedoch von einem Brüllen und Poltern vor dem Spaeingang jäh unterbrochen wird. Schließlich wird die Milchglastür äußerst unsanft aufgestoßen, und das dunkelrote Gesicht von Otto kommt in der Armbeuge einer hünenhaften, wasserstoffblonden Frau zum Vorschein, die heulend und mit verschmierter Wimperntusche »Wo ist er? Wo ist er?« brüllt.

»Herr Hauptkommissar«, krächzt Otto, »ich sollte doch die Witwe benachrichtigen und ...«, er muss husten, während die Frau keine Anstalten macht, ihn loszulassen, »... herbringen. Bitte schön, Frau Violenzia Blechschlager.«

»Sagen Sie, dass das alles nicht stimmt. Ich will ihn sofort sehen, sonst erwürge ich diesen Spreißel hier«, sie stürmt samt Otto auf den Whirlpool zu, was Maul veranlasst, denselben zügig zu verlassen, zu seinen Klamotten zu hechten und die Dienstwaffe zu ziehen.

»Ihr Mann ist schon abtransportiert. In die Rechtsmedizin.« Maul hat es geschafft, den Vormarsch der Witwe zu bremsen, und pirscht in gebührendem Abstand um sie herum. »Aber ich kann Ihnen versichern, dass er mausetot war ... und jetzt beruhigen Sie sich mal ... ach ja, und dann lassen Sie meinen Mitarbeiter los. Sofort!«

»Erst wenn Sie mir sagen, dass Klaus nicht tot ist!«

Maul sieht sich gezwungen, einen Warnschuss in die Decke abzufeuern, was den Hotelchef auf den Plan ruft. Zusammen mit dem Hausmeister und einem Schrank von Masseur gelingt es ihm schließlich, die Witwe zu bändigen und in ein Nebenzimmer des Restaurants zu sperren, wo man ihr zur Beruhigung eine Flasche Bioschnaps der Hausherrin überlässt.

»Also, dieser Blechschlager kann froh sein, dass er nicht mehr unter uns ist, wenn ihr mich fragt«, sagt Maul, als er wieder im Whirlpool sitzt.

»Die ist wirklich gemeingefährlich«, stellt Otto fest, der Wasser in kleinen Schlucken zu sich nimmt. Seine Gesichtsfarbe ist nur noch zartrosa.

»Eine unmögliche Person. Ganz gegen die Contenance«, stimmt die Freifrau zu.

Die beiden Seniorinnen haben während des Schauspiels den Pool nicht verlassen, sondern sind der Szene mehr interessiert als verängstigt gefolgt.

»Also, wenn Sie mich fragen, Herr Hauptkommissar ...« Ottos Stimme ist immer noch recht unsicher.

»Tue ich normalerweise nicht, aber weil du gerade noch in Lebensgefahr warst, darfst du auch was sagen.«

»Lebensgefahr«, wiederholt Otto, »eben. Diese Frau ist doch ganz arg gewalttätig. Wenn wir den Hotelchef in U-Haft stecken, dann sollten wir die aber auch mitnehmen.«

»Ja, aber sie ist doch ganz offenbar völlig außer sich und will ihn geliebt haben – die hat doch kein Motiv.«

»Mit Verlaub, Herr Inspektor ...«, meldet sich die Freifrau von Niederstolz.

»Hauptkommissar«, korrigiert Maul, »Erster Hauptkommissar, um genau zu sein, und Dienststellenleiter.«

»Herr Hauptkommissar«, die Freifrau lächelt milde, »man sagt, dass der arme Elvis, also der Herr Blechschlager, einige der weiblichen Gäste ... nun ja, nicht nur mit seinem Gesang erfreut hat, wenn Sie verstehen.«

»Was?« Maul zieht die Augenbrauen zusammen und blickt seine beiden Mitinsassinnen prüfend an.

»Also natürlich nicht uns«, beeilt sich die Fabrikantenwitwe zu versichern.

»Das würde ich ihm auch nicht wünschen«, erklärt Maul wenig diplomatisch.

»Das hat man davon, wenn man der Polizei behilflich sein will«, erwidert Frau Krugmann-Barscheck pikiert.

»Da haben wir es doch«, ruft Otto, »diese Violenzia ist ihrem Klaus auf die Schliche gekommen, und dann hat sie ihn umgebracht. Liebe hin, Liebe her.«

»Und das wäre auch ein Grund, warum sie nun gar so außer sich war«, gibt die Freifrau zu bedenken, »das Ableben eines Ehemannes allein rechtfertigt doch keine derartige Hysterie. Was hätte ich da sagen sollen?«

»Hmpf«, sagt Maul, während man einen dumpfen Schlag aus dem Nebenzimmer vernimmt.

»Das ist eine Verdächtige mehr, Herr Hauptkommissar«, beharrt Otto.

»Love me tender«, seufzt Maul und macht Anstalten, aus dem Pool zu steigen.

»Der ist doch gut. Er sieht ihm wirklich ähnlich ... bis auf den Schnauzer ...«

»Der kann kein Wort Englisch. Soll Elvis *Return To Sender* vielleicht auf Tschechisch singen?«

»Dann der, der ist Halbami und war sogar an der Musikhochschule ...«

»Wo er Fagott studiert hat. Ich bitte dich!«

»Okay. Bleibt noch der hier. Der hat mal einen Elvis-Imitatoren-Wettbewerb gewonnen. Stand sogar in der Zeitung.«

»Zeig mal ... das war 1978. Der ist heute wahrscheinlich älter, als es Elvis wäre!«

Das Hotelmanagerehepaar ist im Büro der Chefin schwer mit den Bewerbungen auf Klaus Blechschlagers Krankheitsvertretung beschäftigt, die sie schon vor zwei Jahren nicht besetzen konnten. Damals war er von einem Kurzurlaub mit seiner Frau mit mehreren Knochenbrüchen zurückgekehrt und einige Wochen außer Gefecht gesetzt. Sie sind noch nicht ganz durch, als sie von der hohen Polizei gestört werden.

»Nun, wie sieht's aus, Herr Polizeipräsident?«, fragt Lamitz.

»Schlecht«, sagt Maul und lässt sich in einen der Besucherstühle fallen.

»Wieso? War die Violenzia etwa kein guter Tipp?«

Auch Frau Lamitz hat offenbar eine genaue Vorstellung, wer es gewesen sein könnte.

»Doch, doch.« Maul mustert das Büro, das zur einen Hälfte aus einem Schreibtisch besteht und zur anderen aus einer Art Showroom mit zahllosen Fläschchen und Dosen unterschiedlichster Größe in beleuchteten Vitrinen. Neben Maul steht ein kleiner Besprechungstisch, auf dem sich auch mehrere Preislisten befinden. Die Luft ist von künstlichem Zitrusaroma erfüllt.

»Ich habe es nur lieber, wenn es bloß einen Verdächtigen gibt.«

»Aber Herr Maul«, empört sich der Chef, »warum sollte ich denn meinen ... Star ... umbringen. Sehen Sie, welche Schwierigkeiten wir haben, einen Nachfolger zu finden?«

»Wussten Sie, dass Ihr Elvis sich auch noch als Gigolo was dazuverdient hat?«

»Nein.« Lamitz scheint entgeistert.

»Warum nicht?« Seine Frau zuckt mit den Schultern.

»Also doch«, ruft Maul triumphierend.

»Wir wollen das gar nicht so genau wissen«, erklärt die Chefin, »aber bei dem Frauenüberschuss in unserer Kundschaft würde mich das auch nicht wundern. Und wenn die eine oder andere für unseren Elvis gerne zehn Jahre jünger aussehen wollte, dann war das auch kein Schaden.«

»Ob zehn Jahre da reichen?«, sagt Maul und unterzieht eine der Preislisten einer kritischen Prüfung. »Ist ja weiß Gott nicht gerade billig, Ihr Zeug.«

»Alles nur aus hochwertigsten Rohstoffen«, erklärt Frau Lamitz, »biologisch, ayurvedisch. Sie müssen den anspruchsvollen Gästen schon was bieten heutzutage, wo man in jedem Discounter Anti-Falten-Cremes bekommt.«

»Mit Falten habe ich kein Problem, nur mit meinen Hautirritationen. Stressbedingt, Sie verstehen.«

»Da sollten Sie unbedingt das probieren«, die Chefin greift in eine Vitrine und gibt dem Hauptkommissar ein Döschen, »Salbei-Rosmarin-Hydro-Creme. Zwei Wochen auf die betroffenen Hautpartien auftragen, und alles ist vorbei.«

»Hm, muss ich das etwa bezahlen?«

»Aber nein«, lächelt Frau Lamitz, »das geht aufs Haus.«

»Ja, dann vielen Dank.« Er öffnet das Gefäß und schnüffelt an seinem Inhalt. »Kommt mir irgendwie bekannt vor, der Geruch ...«

»Wahrscheinlich haben Sie in Ihrem Leben schon einmal Rosmarin gerochen, nicht wahr?«

»Wir wollten eigentlich noch einmal mit der Putzfrau sprechen, die die Leiche heute früh gefunden hat«, Otto zeigt sich mal wieder dienstbeflissen.

»Die Anezka?«, der Chef wirkt erstaunt.

»Ja, an der Rezeption hat man uns gesagt, die wäre bei Ihnen.«

»Ja, das war sie ... bis vor zwanzig Minuten etwa«, Frau Lamitz schaut hektisch auf ihre Wanduhr.

»Was macht die denn so spät noch hier?«, fragt Maul. »Wenn sie schon um halb sechs anfängt.«

»Nun, die Arme war ja noch ganz außer sich wegen dieser Sache, wir mussten ihr gut zureden, damit sie morgen wiederkommt.«

»Gut«, Maul steht auf und drückt das Kreuz durch. »Und wo ist sie jetzt?«

»Jetzt? Auf dem Weg nach Hause, denke ich.«

»Das ist schlecht, wir müssen unbedingt noch einmal mit ihr sprechen.«

»Dann müssen Sie sich nach Hazlov bemühen, fürchte ich«, sagt die Chefin.

»In die Tschechei?«, ruft Maul. »Na, aber ganz sicher nicht mehr heute. Ist ja schon dunkel draußen, höchste Zeit für den Feierabend!«

»Morgen früh ab halb sechs ist sie wieder da – hoffen wir zumindest.«

»So früh kann ich noch nicht anfangen. Wenn ich vor neun aufstehe, bekomme ich immer einen Schwächeanfall.«

»Dann bleiben Sie doch einfach die Nacht hier«, schlägt die Dame des Hauses mit einem gewinnenden Lächeln vor. »Ein Einzelzimmer haben wir noch, das müssten Sie sich halt teilen.«

»Kein Problem«, sagt Maul, »Otto kann auf dem Boden schlafen!«

»Are You Lonesome Tonight«, summt Otto.

Nach drei Bierchen und einem üppigen Abendessen (nicht auf Kosten des Hauses, sondern der Steuerzahler) treibt sowohl Maul als auch Otto eine gewisse Nikotinsucht nach draußen zu einer Hintertür unweit der Küche und der in einem Verschlag befindlichen Mülltonnen. Violenzia ist mittlerweile von sechs Polizisten in einem Hochsicherheitstransporter in U-Haft gebracht worden, wohingegen man bei dem Hotelier keine akute Fluchtgefahr sieht. Außerdem hat sich noch die Gerichtsmedizin mit ersten Ergebnissen gemeldet. Oder eben keinen Ergebnissen. Offenbar ist nichts weiter als ein akuter Herztod festzustellen.

»Du darfst mir jetzt eine Zigarette anbieten, Otto!«

»Sehr wohl, Herr Hauptkommissar.«

»Feuer!«

»Bitte sehr.«

»Das mit dem Herzstillstand wäre die perfekte Erklärung, wenn diese durchgedrehte Frau nicht wäre«, sagt Maul nach einigen Zügen.

»Sie meinen einen natürlichen Tod«, nickt Otto zustimmend.

»Na klar, der hat sich verausgabt bei seinen Nebenjobs, wollte sich im Whirlpool erholen und dann zack – Herzinfarkt, oder so was.«

»Ja, klar, aber bei der Frau und ihrem Vorstrafenregister ...«

»... lässt uns das kein Staatsanwalt durchgehen«, seufzt Maul.

»Vielleicht hat ja diese Putzfrau noch irgendwas gesehen, das uns weiterbringt«, Otto macht Anstalten, seine Kippe auf den Boden zu werfen.

»Hey, hey«, Mauls Ton wird militärisch, »wir sind doch keine Asozialen. Da sind Mülltonnen.«

»Ja, aber da kommen wir nicht ran.« Otto deutet auf die Verschlagtür, die mit einem Vorhängeschloss gesichert ist. In diesem Moment kommt ein Kochlehrling mit einem Eimer voll Abfällen aus der Küchentür.

»Haben Sie dafür einen Schlüssel?«, fragt Maul.

»Ja, freilich.«

»Aufsperren!«

»Wollte ich sowieso gerade machen«, grinst der Bengel und schließt das für einen Mülltonnenschuppen recht mächtige Schloss auf.

»Ist euer Müll so wertvoll?«, lacht Maul und lugt neugierig in den schwach beleuchteten Raum.

»Keine Ahnung, warum der Chef da so einen Zirkus drum macht«, der Stift kippt seinen Eimer in eine Biomülltonne. »Der Vaclav, unser Beikoch, hat mal vergessen, wieder zuzusperren, da hat ihm der Lamitz gleich mit Kündigung gedroht ...«

»Soso.« Mauls Interesse ist nun geweckt. »Otto, Taschenlampe!«, befiehlt er schließlich.

»Sorry, aber ich muss jetzt wieder zusperren«, der Lehrling klappert mit dem Schlüssel.

»Wir sagen Ihnen schon, wenn Sie wieder zusperren können«, donnert Mauls Feldwebelstimme aus der Tiefe des Schuppens. »Weggetreten!«

»Zu Befehl.« Der Azubi salutiert und macht sich eilig auf den Rückweg in die Küche.

»Das gefällt mir so an dieser Gegend, da spuren die Stiften wenigstens noch. Was das betrifft, ist eure Welt hier echt noch in Ordnung.«

»Bei mir funktioniert so was nie«, seufzt Otto.

»Das liegt an deiner Stimme.« Maul macht sich mittlerweile an einer Altpapiertonne zu schaffen. »Die ist nicht durchdringend genug ... ja, was soll denn jetzt das sein?«

»Was, Herr Hauptkommissar?«

»Diese Altpapiertonne ist auch mit einem Schloss versperrt. Was schmeißen die denn da rein? Falschgeld? Hol mal den Besen da aus der Ecke. Und schieb den Stiel in den Spalt ...«

Otto tut, wie ihm geheißen.

»So, und jetzt nach oben drücken«, befiehlt Maul und geht mit der Taschenlampe in Position, »wäre doch gelacht, wenn man da nichts erkennen könnte.«

»Und, sehen Sie was, Herr Hauptkommissar?« Otto

versucht, auch einen Blick zu erhaschen, scheitert dabei aber am Quadratschädel seines Vorgesetzten.

»Salzpackungen?« Maul lugt aus allen möglichen Richtungen. »Viele leere Salzpackungen und ... aha ...«

»Was, Herr Hauptkommissar?«

»Wusste ich doch, dass ich diesen Geruch von irgendwoher kenne!«

»Suspicious mind«, sagt Otto.

Am nächsten Morgen ist gegen zehn Uhr Dienstbeginn. Maul hat ausgeschlafen und ausgiebig gefrühstückt, während der unter einem verspannten Rücken leidende Otto sich telefonisch um Amtshilfe aus Tschechien kümmern musste. Die Putzkraft Anezka Semianova ist nämlich nicht um halb sechs zur Arbeit erschienen, aber das hatte Maul schon vorausgeahnt. Nun stehen die beiden Beamten mit dem Ehepaar Lamitz bei den Mülltonnen neben der Küche.

»So, jetzt machen Sie diese blaue Tonne da mal auf«, weist Maul den Chef an.

»Na gut, aber Leichenteile werden Sie da drin nicht finden!«

»Das will ich stark hoffen«, knurrt Maul, »ein Mordfall reicht mir schon.«

»Bitte schön.« Lamitz entfernt das Vorhängeschloss und tritt sofort zwei Schritte zurück, als erwarte er eine Explosion.

»Aha«, Maul tut erstaunt, »was ist denn das alles?«

»Altpapier«, sagt die Chefin.

»Ja, aber das sind doch fast nur Salzpackungen. Jodsalz.« Maul nimmt eine Handvoll aus der Tonne. »Wenn mich nicht alles täuscht, vom Aldi.«

»Ja, und?«

»Fünfundzwanzig, sechsundzwanzig, siebenundzwanzig«, zählt Maul, »so versalzen war doch Ihr Essen gar nicht, dass Sie solche Mengen für die Küche brauchen!«

»Unverschämtheit«, die Chefin verschränkt trotzig die Arme und blickt zur Decke.

»Das war eine Sonderaktion«, beeilt sich der Hotelier zu erklären, »Preissenkung, da haben wir gleich eine Palette voll gekauft.«

»Ja, aber die verbrauchen Sie doch nicht in so kurzer Zeit«, gibt Maul zu bedenken. »Wenn Sie wollen, lasse ich Otto mal die ganze Tonne ausleeren.«

»Also gut«, meint Frau Lamitz, »wir haben einen hohen Salzverbrauch. Und was wollen Sie jetzt damit beweisen?«

»Wie war das noch mal mit dem Thermalbrunnen in Bad Suppengrün?«, fragt Maul scheinheilig.

»Der ist nicht mehr aktiv, seit vierzig Jahren schon«, antwortet Otto, als die beiden eisern schweigen.

»Genau«, Maul stochert beiläufig weiter in der Tonne herum, »und hier gibt es zufällig eine Nebenader, die Sie mit viel Geld angebohrt haben, nicht wahr?«

»Ja, das habe ich Ihnen doch schon erzählt.« Der Chef tut genervt.

»Und wenn Sie jetzt aber gar nicht so viel Geld investiert haben, sondern seit zwanzig Jahren nur fleißig Kochsalz in Ihr Leitungswasser schütten?«, fragt Maul. »Dann wäre doch sicher nicht so viel Geld nötig, und der Betrieb würde sich viel mehr rentieren, oder?«

»So eine Frechheit«, schimpft Lamitz.

»Ich kann auch das Wasser untersuchen lassen und dazu alle Supermarktkassiererinnen bis Tschechien befragen – bringt uns zum gleichen Ergebnis, kostet aber viel Lebenszeit. Wollen Sie das?«

»Jetzt lass mal, Paul«, die Chefin gibt sich nun diplomatisch. »Sie haben ja recht, Herr Maul. Sie haben uns erwischt, wir geben's zu. Aber das muss doch jetzt nicht an die große Glocke gehängt werden, oder?«

»Kommt drauf an – es ist ja nicht nur das Salz. Hier haben wir auch noch Unmengen von kleinen Schachteln.« Er hebt die Brille an und hält sich ein Stückchen Pappe vor die Nase. »Facelift – Feuchtigkeitscreme. Das ist auch so billiges Zeug vom Supermarkt. Das kenne ich aus der Zeit, als meine Ex noch normal war und mich noch nicht in den Ruin treiben wollte. Jeden Abend hat die sich das ins Gesicht geschmiert, daher erkannte ich auch den Geruch.« Er zieht das Geschenk der Hausherrin aus der Tasche, schraubt es auf und schnüffelt daran.

»Was soll denn das jetzt heißen?«, fragt Frau Lamitz.

»Dass Sie nicht nur bei Ihrem Heilwasser, sondern auch bei Ihren ach so gesunden und biologischen Produkten bescheißen ...«

»Was Sie nicht sagen!«

»Na klar. Sie kaufen das Zeug im Discounter, panschen ein paar Küchenkräuter drunter, füllen es in andere Gläschen, pappen ein schickes Etikett drauf, und dann kostet so was gleich mal fünfzig Euro anstatt fünf, gell?«

»Herr Maul.« Lamitz gesellt sich nun zu dem Lebensweisen und legt ihm die Hand auf die Schulter. »Ich gebe es zu: Wir haben Sie unterschätzt. Sie haben uns eiskalt erwischt. Aber ich bitte Sie inständig: Das muss doch keiner wissen. Wenn Sie das publik machen, können wir unseren Betrieb zusperren, und dann gibt es hier vierzig Arbeitslose mehr, unsere Zulieferer und Dienstleister noch nicht einmal mitgerechnet. Als Beamter müssen Sie doch vor allem das Gemeinwohl im Auge haben. Mit dem Tod von unserem Elvis hat das doch alles nichts zu tun ... und Sie können wirklich jederzeit herkommen und hier sooft absteigen, wie Sie wollen, mit Vollpension versteht sich und allem Drum und Dran.«

»Das wäre vielleicht eine Überlegung wert, aber ich fürchte, dass wir eben doch eine Verbindung zu dem toten Elvis haben.«

»So? Wo denn?«

»Folgen Sie uns, bitte.«

»It's now or never«, bestätigt Otto.

»Diesen Raum hat der Blechschlager doch als Garderobe benutzt, stimmt's?«, fragt Maul, als sie in einem Hinterzimmer des Festsaals angelangt sind.

»Ja, wie Sie sehen.« Lamitz breitet die Arme aus, während seine Frau sich im Hintergrund hält.

»Die hätten Sie mal durchsuchen sollen«, sagt Maul und deutet auf einen Mantel, der in der Ecke an einem Kleiderständer hängt. »Da haben wir nämlich ein Flugticket gefunden. Nach Mallorca, übermorgen, und zwar One-Way!« Er nestelt an seiner Jackentasche und zieht ein Dokument in einer Plastiktüte heraus.

»Na ja«, Lamitz überlegt kurz, »er wollte halt mal Urlaub machen.«

»Offensichtlich. Nur komisch, dass Sie dann den ganzen Monat in Ihrem Programm seine Show noch ankündigen. Wo Sie doch keinen Ersatz haben.«

»Und was wollen Sie jetzt damit sagen?«

»Dass Elvis Ihnen auf die Schliche gekommen ist«, Maul setzt sich vor den großen Schminkspiegel, »sonst hätte er wohl kaum auf Malle einen Termin mit einem Makler gemacht, der schicke Fincas zum Kauf anbietet!«

»Woher wissen Sie das?«

»Wir haben seine Handyverbindungsdaten überprüfen lassen«, sagt Otto, der seinerseits ein Mobiltelefon in der Hand hält und darauf herumtippt.

»Genau«, sagt Maul, »was da heutzutage alles möglich ist – fantastisch. Genauso wie die Zusammenarbeit mit den Kollegen in Tschechien. Otto ...«

»Ja, hallo ... ja, Dobrý den«, Otto nimmt das Handy kurz vom Ohr, »ich habe jetzt den Kollegen dran, der deutsch spricht.«

»Wunderbar«, Maul erhebt sich wieder, »diese EU ist eine tolle Sache, mal vom Euro abgesehen. Wir können jetzt da drüben um Amtshilfe bitten, und die spuren plötzlich. Also, da ist jetzt ein Beamter bei Ihrer Putzfrau in ... äh ...«

»Hazlov«, sagt Otto.

»Genau da. Sie haben ihr gestern kurzfristig Urlaub gegeben, haben wir erfahren ...«

»Oh je«, seufzt Lamitz und lässt sich in den Stuhl sinken.

»Wie war das jetzt gestern früh mit dem Staubsauger?«, wendet Maul sich an Otto, der die Frage telefonisch weitergibt.

»Sie wollte das Gerät einschalten, aber da hat es sofort die Sicherung rausgehauen.« Otto wartet kurz und erzählt dann weiter: »Sie hat ihn dann aufgemacht und festgestellt, dass er voll Wasser war ...«

»Interessant«, lächelt Maul, »und warum ist sie heute nicht zur Arbeit gekommen?«

»Warum sie heute nicht zur Arbeit«, wiederholt Otto in das Telefon, »... jaja ... die Chefin hat ihr freigegeben, den ganzen Rest der Woche.«

»Das stimmt überhaupt nicht«, zetert die Dame des Hauses. »Ich habe ihr nur angeboten, dass sie daheim bleiben kann, wenn sie unter Schock steht ...«

»Nein, kein Schock«, sagt Otto, nachdem er kurz in sein Mobiltelefon gelauscht hat, »Frau Semianova würde gerne wieder arbeiten. Sie braucht das Geld.«

»Also, ich sage Ihnen jetzt mal, wie das war.« Maul verschränkt die Arme und lehnt sich gegen die Wand. »Der Blechschlager hat Sie beim Wasser- oder Salbenpanschen erwischt und dann erpresst. Wahrscheinlich hatte er keine Lust mehr, hier den Gigolo zu spielen, und von seiner Alten wollte er sicherlich auch weg. Und weil Sie entweder das Geld nicht hatten oder es ihm nicht geben wollten, haben Sie ihn umgebracht.« Maul deutet auf Frau Lamitz. »Und zwar mit einem Staubsauger ...«

»Sie sind total durchgedreht«, erwidert die Chefin.

»Keineswegs – ich bin ein Lebensweiser. Deswegen bringe ich auch den ominösen Herztod von Elvis mit einem Elektrogerät in Verbindung, das in einen Whirlpool fällt, während sich der falsche King nach seiner ›Arbeit‹ darin erholt. Und dass Sie es allein gewesen sein müssen, ergibt sich aus dem Umstand, dass die Leiche am Morgen noch im Pool war. Sie haben ihn alleine da nicht rausgekriegt und sich dann darauf verlassen, dass entweder gar kein Mord angenommen wird oder aber der Verdacht auf die gewalttätige Ehefrau fällt. Wahrscheinlich haben Sie dann erst Ihren Mann eingeweiht, und der wurde leider gesehen, wie er den Blechschlager entsorgen wollte ... dumm gelaufen.«

»Das sind doch aberwitzige Hirngespinste«, Frau Lamitz tippt sich gegen die Stirn.

»Die Sie nie beweisen können«, ergänzt der Hotelier.

»Ich muss das gar nicht beweisen«, Maul zuckt mit den Schultern, »für einen begründeten Anfangsverdacht reicht es locker, und dann übergebe ich meine Ermittlungsergebnisse der Staatsanwaltschaft und werde ein paar Monate krank. Da kümmert sich dann schon jemand drum. Und wenn Ihre Putzfrau erst einmal vor einem Richter steht, bin ich gespannt, was der noch alles wieder einfällt ...«

»Herr Hauptkommissar«, Lamitz ringt sich zu einem Lächeln durch, »lassen Sie uns doch noch einmal da anknüpfen, wo wir aufgehört haben. Wie wäre es denn mit einem lebenslangen Recht auf Urlaub? Sie können hierherkommen, sooft Sie wollen. Vollpension mit allem Drum und Dran, Senior-Suite, Massagen und Anwendungen nach Lust und Laune, für spezielle Dienstleistungen lassen wir einen Partnerbetrieb aus Tschechien kommen ...«

»Was soll das heißen?« Mauls Interesse scheint geweckt.

»Na ja, Sie wissen schon«, druckst der Chef herum. »Wir haben ja nur Doppelbetten. Und den Spabereich können Sie natürlich auch nutzen. Wäre es das nicht wert, einmal fünfe gerade sein zu lassen?«

»Ich glaube, Ihr Spabereich ist mir etwas zu gefährlich«, sagt Maul.

»Heartbreak Hotel«, nickt Otto.

Theobald Fuchs
Die Sau, der Wirt und das Marderloch

Ich denke ja, dass einer es mit Ehrlichkeit am weitesten bringen kann. So war das schon immer. Und wenn einen die Kriminalpolizei befragt, und man kann ganz ohne zu zögern oder sich zu widersprechen auf alle Fragen eine saubere Antwort geben, dann gibt es keinen Grund, verdächtigt zu werden. Und dann ist man eben auch frei von Schuld, denn Schuld – ja, Schuld hatte meiner Meinung nach sowieso der Crohnberger selbst und niemand sonst.

Es gibt eben Menschen, die sind geboren dazu, ein Wirtshaus zu führen, und es gibt solche, die sollten das lieber bleiben lassen. Der Zack in Hersbruck beispielsweise, der das Bistro *B14* betreibt, das so heißt wie die Bundesstraße nach Nürnberg und wo diese mordsmodernen Spielautomaten stehen, an denen die Fahrschüler vom Gymnasium in der Mittagspause ihr Taschengeld verspielen – der Zack jedenfalls trinkt an jedem Abend nichts anderes als stilles Wasser, und nur wenn einer der Stammgäste Geburtstag hat, dann erlaubt sich der Zack um Mitternacht ein halbes Glas Sekt. Das war's dann aber auch. Immer nüchtern, der Mann, und seine Wirtschaft in einwandfreiem Zustand.

Der Crohnberger freilich, der war von der ganz anderen Sorte. Ich meine, das ganze Dorf war hocherfreut, als er den Gasthof *Zur Juraschanze* übernahm, der drei Jahre lang leer gestanden hatte, nachdem die alte Wirtin, von der niemand mehr hatte sagen können, ob sie nur über neunzig oder am Ende sogar über hundert Jahre alt gewesen war, schlussendlich doch noch eingestanden hatte, ein Mensch wie alle anderen zu sein, indem sie gestorben war. Bloß dauerte es eben nicht lange, dann gab's keinen Zweifel mehr daran, dass der Crohnberger selber sein bester Gast war. Besoffen war er von früh bis spät, und schon bald machten die ersten Gerüchte die Runde, er habe wegen völliger Überschuldung seine vorherige Heimat verlassen müssen und bei uns einen Neuanfang machen wollen.

Aus der Steiermark war er in unser Dorf gezogen, der Crohnberger, zusammen mit seiner bildschönen Frau, die zehn Jahre jünger war als er, und nicht einmal sie selbst wusste noch, weshalb sie ihn überhaupt einmal geheiratet hatte. Das allerdings konnte beim besten Willen keiner bestreiten – sie trug den Ring am Finger und seinen Namen im Ausweis. Sie kochte hervorragend, sowohl fränkisch als auch böhmisch, wodurch sie es im Handumdrehen schaffte, dass die Wirtschaft wieder lief und jedes Wochenende alle Tische besetzt waren, wenn die Kahlfresser aus Nürnberg durchs Tal hinauf- und hinabwanderten, und unter der Woche jeden Abend, wenn die Vereine und die Feuerwehr dort saßen und über wichtige Angelegenheiten debattieren mussten, die nur mit großen Mengen Bier zu regeln waren.

Ich muss gestehen, als Allererstes verliebte ich mich in ihren Namen. Lydia hieß sie, bei uns in der Gegend geradezu exotisch und in meinen Ohren voller Lust und Verheißung. Wie soll ich sagen? Als ich zum ersten Mal beim Frühschoppen gesessen bin, ein paar Tage nach der Neueröffnung der *Juraschanze*, und er, der Crohnberger, ihren Namen hin zur Küchentür gerufen hatte und dass jemand drei Fränkische mit Kraut bestellt hätte, worauf sie hervorkam, in die Gaststube, weil sie ihn nicht gescheit verstanden hatte, da war's um mich geschehen, und mir ist gleich klar gewesen, dass ich einiges anzustellen imstande war für diese Frau.

Dennoch und allem, was danach geschah, zum Trotz, musste ich weder etwas verschweigen noch musste ich lügen, als mich später die Kripomänner aus Nürnberg fragten, ob ich etwas Auffälliges beobachtet hätte in den letzten Tagen vor Crohnbergers Tod. Ein Auto vielleicht mit einem auswärtigen Kennzeichen oder ungewöhnliche »Aktivitäten« (wie sie es nannten) in der Nacht vor seinem spurlosen Verschwinden. Nein, sagte ich, nichts und nicht im Geringsten. Womöglich hätten sie es freilich für eine ungewöhnliche »Aktivität« gehalten, was ich mit der Crohnbergerin anstellte, in jeder der vierzehn Nächte, die der Crohnberger tiefgefroren hinter einem Holzstoß im Wald lag, oben beim Marderloch. Wir jedoch, Lydia und ich, fanden nichts Ungewöhnliches daran, denn schließlich besuchte ich sie schon seit einem halben Jahr regelmäßig in ihrer Schlafkammer, was die Polizei allemal überhaupt nichts anging. Und da sie nur nach einem gewöhnlichen PKW mit ortsunüblichem Kennzeichen fragten, gab es für mich keinen Grund, von mir aus den Jeep zur Sprache zu bringen.

Am Donnerstag vor Weihnachten war es gewesen, als die letzte Sau des Jahres zum Schafott geführt werden sollte, vor den Feiertagen noch, damit es an Heiligabend auch nicht plötzlich an Krautwurst oder rotem Presssack fehlte. Als sich die Tür des Hängers öffnete, stutzte die Sau sofort und wich zurück. Ungelenk tappte sie nach hinten, drückte sich in den Winkel des Kastens, denn sie ahnte, was sie erwartete, da direkt vor ihrer Schnauze, wo vier schreiende Männer an dem Strick zerrten und einer mit dem Besenstiel fuchtelte. Sie ahnte nicht nur, sie wusste mit absoluter Sicherheit. Und die Männer, darunter auch ich mich befand, hatten schon längst gemerkt, dass die Sache nicht, wie wir es gewohnt waren, ohne Zwischenfall ausgehen würde.

Bemerkenswert ist nämlich, dass an diesem Tag eine fürchterliche Glätte herrschte. Denn nachdem es seit Mitte November Unmengen Schnee vom Himmel heruntergehauen hatte, sodass kaum einer mit dem Räumen der Wege und Treppen noch nachgekommen war, war dann am Morgen des vorherigen Tages plötzlich warme und feuchte Luft aus dem Westen über den Berg geströmt, und am Nachmittag hatte es zu regnen begonnen. Über Nacht war dann die Temperatur plötzlich wieder abgestürzt, auf fünf Kältegrade und tiefer, worauf schon beim Verladen der Sau, am Hof vom Prütting, jeder von uns wenigstens dreimal ausgerutscht war und sich auf den Hosenboden gesetzt hatte.

Die ganze Welt, die Bäume, die Straßen, die Häuser, die Autos, die Zäune, die Telefonleitungen und die Eisenbahnbrücken – alles war von einer fingerdicken, glitzernd-gläsernen Eisschicht überzogen, die das ganze Tal in einen Kristallpalast verwandelte. Und eben auch die Einfahrt vor dem Schlachthaus vom Brunner, wo die Sau hineinsollte. Als wir sie endlich aus dem Hänger gescheucht hatten, verlor, wie nicht anders zu erwarten, einer nach dem anderen den Halt und legte sich der Länge nach hin, sodass das Vieh seine Chance begriff und wie ein bekreuzigter Teufel auf und davon galoppierte. Auf seinen vier Beinen stand es ja deutlich stabiler als wir auf unseren zwei, bloß hatte das Schwein nicht bedacht, dass es sich ein gehöriges Gewicht angefressen hatte während der letzten Monate. Sonst wäre es ja auch überhaupt nicht in die verzweifelte Lage geraten, in der es sich nun befand. Über die Staatsstraße hinüber schaffte sie es, die Sau, doch der Leitplanke auf der anderen Seite, die ihr entgegenraste, konnte sie nicht mehr ausweichen. Sie brach sich beim Aufprall das Genick, weshalb wir uns Zeit lassen konnten, bis der Bub, den wir zum Kramladen geschickt hatten, um Streusalz zu kaufen, wieder zurückkam und wir das tote Tier endlich ins Schlachthaus zerren konnten, wo in der Zinkwanne bereits das heiße Wasser zum Abbrühen dampfte.

Seltsam war das, der Anblick einer verreckten Sau ohne das Loch in der Stirn, das normalerweise der eiserne Bolzen schlug. Umgekehrt sah der Crohnberger, als er nach zwei Wochen ohne jedes Lebenszeichen wiederauftauchte, einem Schwein erstaunlich ähnlich, das den Bolzenschussapparat aus nächster Nähe kennengelernt hatte. Die Sau ohne Loch, der Wirt mit – in diesen Tagen war nichts, wie es sein sollte.

Der Seibold Fritz hieß bei uns der »Grüne«, weil er der Förster war. Er saß jeden Sonntag beim *Pechwirt*, gleich bei der Brücke zum Unterdorf, und schafkopfte mit den üblichen Verdächtigen, ehe er seinen täglichen Spaziergang den Berg hinauf machte, um die Gemeindewaldungen zu inspizieren, wobei ihm ein respektabler Flachmann mit Kognak behilflich war. Der Grüne hatte den Crohnberger gefunden, acht Tage, nachdem Lydia ihn an Heiligdreikönig als vermisst gemeldet hatte. Ich hatte ihr dazu geraten, denn es wäre schon aufgefallen, wenn sie sich überhaupt nicht gekümmert hätte um seinen Verbleib, denn sie lebten immerhin noch unter demselben Dach und betrieben zusammen eine Gastwirtschaft, obschon sie seit Langem in getrennten Betten schliefen.

Die Füchse hatten den Leichnam übel zugerichtet, aber das Gesicht war noch unversehrt geblieben und hatte mit weit aufgerissenen Augen in den Himmel gestarrt, mit Augen, so zart weiß-blau wie dieser Januarhimmel, der buchstäblich zu klirren schien, so kalt war es, seit Neujahr jede Nacht unter minus zwanzig Grad. Da ich das verantwortungsvolle Amt des zweiten Feuerwehrkommandanten innehatte, gehörte ich zu denen, die den Toten hinunter bis zur Eiche an der Großmeinfelder Straße schafften, wo das Leichenauto vom Bestatter aus Hersbruck wartete. Der Fuchs aus Alfalter, den wir wegen seiner Haare den »Roten« nannten, war auch dabei, außerdem der Älteste der Gebhard-Brüder, der die Bauunternehmung betrieb, und der alte Kragel. Als wir hernach beim *Pechwirt* – die *Juraschanze* kam selbstverständlich hierzu nicht infrage – saßen, uns mit einem Tee mit Rum und einer Halben Bier aufwärmten und über das grausliche Erlebnis trösteten, da waren wir uns alle einig, dass der Crohnberger die Augen hoch zum Himmel verdreht hatte, noch ehe ihm die Kugel das kleine rote Loch in die Stirne gestanzt hatte, quasi so, als wäre der letzte Gedanke gewesen, der durch sein noch intaktes Gehirn geblitzt war: Ja mei, das hat mir gerade noch gefehlt.

Arg überrascht hatte mich der Fund freilich nicht, aber ich grübelte insgeheim, als ich ihn dort so verrenkt und angefressen liegen sah, ob es besser gewesen wäre, wenn ihn der Fangschuss erst im Sommer ereilt hätte. Aber ich kam zu keinem richtigen Ergebnis.

Allerdings gab ich genau acht, als wir uns da oben bei der Höhle herumtrieben, ob noch Reste von den Reifenspuren zu erkennen waren im Schnee. Wie wir nämlich die Sau eingeladen hatten, in den Hänger, da hatte ich diese ganz besonderen Spuren gesehen, am Parkplatz vor der *Juraschanze*, die ja gleich an den Hof vom Prütting grenzt, Spuren, wie ich sie gleichwohl schon kannte, von einem Jeep der U. S. Army, scharf hineingestanzt in den vereisten Schnee. Da musste einer nicht erst jahrzehntelang bei den Pfadfindern gewesen sein, damit er verfolgen konnte, wo die Amerikaner nach ihrem Besuch in der *Juraschanze* hingefahren waren. Und zwar in Begleitung vom Crohnberger, dessen Fußstapfen ich ebenfalls sofort erkannte, sodass ich ihnen mit Leichtigkeit die neue Großmeinfelder Straße hinauf hinterherspüren konnte, nachdem ich meinen Beitrag zur Schlachtung des verunglückten Schweins geleistet hatte. Bis zur großen Eiche folgte ich den Abdrücken, wo links der Feldweg abzweigte, der sich durchs Gebüsch hinaufwand, bis zur Scheune vom Dotzauer und noch drei Kehren weiter, wo sich ein Haselnussgebüsch am Feldrain entlangzog. Dass dahinter nicht nur ein paar Holzlegen, vor der Witterung geschützt, ihrer ganz eigenen Ewigkeit entgegenschlummerten, sondern auch der Eingang zum Marderloch versteckt war, wusste damals, als noch nicht über jeden Trampelpfad durchs Unterholz ein Selbstfindungs-Erlebnisroman geschrieben worden war, außer den Einheimischen praktisch niemand.

Die Untersuchung, auf welche Weise der Crohnberger dazu gebracht worden war, sich in einen tiefgefrorenen Brocken Fleisch zu verwandeln, zog sich nicht wirklich in die Länge. Schuss in den Kopf, von vorne. Austrittswunde hinten geradezu lehrbuchmäßig, der halbe Schädel abgeplatzt, Knochensplitter und Teile vom Gehirn am Eingang der Höhle, wo sich im knirschenden Schnee die Fußspuren von mindestens drei Personen fanden. Die Patronenhülse nicht auffindbar, dafür in der Höhle, nur ein paar Schritte vom Eingang entfernt, wo man gerade noch keine Taschenlampe brauchte, drei oder vier frische Mulden, aufgewühlte Erde ringsum, ganz so, als hätte jemand etwas gesucht, das ihm sehr wichtig war. Natürlich nur insgeheim, still und leise nur für mich, malte ich mir aus, wie es der Crohnberger selbst gewesen war, der da hektisch mit den bloßen Händen grub und grub und immer verzweifelter dabei wurde, weil er nichts fand – während die beiden Soldaten ihm zusahen und immer wütender wurden. Tatsächlich haben das die Gerichtsmediziner später dann auch herausgefunden, als sie nach dem Auftauen die Erdkrümel von den abgefressenen Resten seiner Hände wuschen, wozu er selbst ja nicht mehr Gelegenheit gehabt hatte.

»Marderloch« hieß die Höhle nicht erst seit Paul Pfinzings Zeiten, aber mir ist dieser Name ein Rätsel, denn soweit ich weiß, leben Marder genauso wenig wie die Füchse, die am Kadaver des Crohnbergers nagten, in großen Höhlen, sondern eher in kleinen Bauten unter der Erde. Ein Bär könnte dort früher durchaus einmal gehaust haben, dem der tote Gastwirt schon auch ausgezeichnet geschmeckt hätte, bloß kam dieser einige Hundert Jahre zu spät ums Leben, als die Bären längst ausgestorben waren.

Im Frühjahr, als der Crohnberger erst kurze Zeit vorher und noch ziemlich lebendig in die *Juraschanze* gezogen war, da hatte es ein paar außergewöhnlich warme Tage gegeben, sodass die ersten Kinder im Freien barfuß rannten, obwohl es erst April und somit kein Monat ohne »r« im Namen war. Ich war gleich früh runter ins Dorf spaziert, weil mir der Kragel gesteckt hatte, dass gegenüber vom Weber ein altes Klapprad herumliegen müsste. Dort, oberhalb des Gasthauses, das wie die meisten Gebäude unterhalb des alten Steinbruchs regelrecht in den Berg hineingebaut war, gab es noch so etwas wie einen Hinterhof im ersten Stock, einen schattigen, schmalen Streifen Dreck, wo hinter einem rostigen Maschendrahtzaun, der an krummen und morschen Pfosten hing, zwischen allem möglichen Gerümpel ein paar Hühner in der nackten Erde pickten. Rein zufällig sah ich dort die Crohnbergerin werkeln, die wunderschöne Lydia, der ich zu diesem Zeitpunkt schon den einen oder anderen schmachtenden Blick zugeworfen hatte, wenn sie in der Gaststube aufgetaucht war, mit der ich aber bislang noch nie unter vier Augen gesprochen hatte.

Sie war dabei, ein Huhn zu schlachten, hatte gerade damit aufgehört, den Vogel am ausgestreckten Arm ordentlich im Kreis zu schleudern, und klemmte nun den Kopf der benommenen Henne zwischen zwei Nägel, die im Hackstock steckten. Doch dann sah sie mich kommen und ließ das Beil, das sie bereits erhoben hatte, wieder sinken.

Grüß Gott, sagte sie, und ich sagte auch: Grüß Gott, und: Kann ich Ihnen behilflich sein? »Behilflich sein«, sagte ich, nicht einfach »helfen«, das weiß ich noch ganz genau.

Ja, sagte sie ohne zu zögern, wenn ich denn bestimmt wolle, dann solle ich die Hühnerfüße festhalten, nur für den Fall, dass es danach loszurennen versuche, das Vieh ohne Kopf.

Und das tat ich dann, und die Sache war ruck, zuck vorbei und erledigt, doch ich merkte schon an der Art, wie sie das Gesicht verzog, ehe sie mit dem Beil zuschlug, und daran, dass sie im letzten Moment, als sie sicher war, an der richtigen Stelle zu treffen, die Augen zukniff, dass das nicht ihre Lieblingsbeschäftigung war, und zündete deswegen einen Stumpen an, eine dieser langen, dünnen, schwarzen Zigarillos, die schon mein Großvater von früh bis spät im Mundwinkel klemmen gehabt hatte.

Mit dem enthaupteten Huhn in der Hand stand ich da, schwang das Tier hin und her, damit noch möglichst viel Blut heraustropfte, und hatte darüber das Klapprad, das ich mir besorgen wollte, natürlich völlig vergessen. Und ich sah zu, wie Lydia den toten Kopf aus den Sägespänen fischte und in einen Blecheimer schleuderte, und sagte, indem ich ihr den Stumpen reichte, sie solle nur kräftig ziehen, das sei gut zur Beruhigung. Und dachte mir dabei, dass es nicht nur zu ihrer Beruhigung sein würde, sondern gleichermaßen auch zu meiner eigenen, denn in ihrer Nähe wurde ich von Sekunde zu Sekunde immer noch verliebter, dass ich befürchtete, es nicht mehr lange auszuhalten, ohne schließlich ohnmächtig zu werden und rücklings in den vollgekackten Hühnerpferch zu fallen.

Sie nahm einen tiefen Zug, lächelte mir zu, als hätte sie längst alles kapiert, und fragte mich, ob sie mir umgekehrt auch etwas Gutes tun könne. Ganz eindeutig schon ein mehrdeutiges Angebot, und ich ging auf das Spiel ein und fragte, ob sie denn etwas wisse, das ich mir wünschen könnte? So gab ein Wort das andere, bis ich ihr schließlich die schmale, schiefe Treppe nach unten folgte, die vom oberen Eingang zum Flur führte, der unten von der Gaststube zu den Toiletten an der Rückseite des notorisch schlecht beleuchteten Hauses ging.

Die Ankunft der Crohnbergers war noch keine fünf Wochen her, und obwohl draußen die Sonne in voller Pracht und Heiterkeit vom Himmel brannte, saß der Wirt alleine in seiner eigenen Gaststube, mit krummem Rücken auf die Ellenbogen gestützt, vor sich auf dem Tisch ein fast leeres Weizenglas, obwohl es noch nicht einmal elf Uhr am Vormittag war, und es wird nicht sein erstes gewesen sein. In seiner Hand qualmte eine Zigarette, eine seiner ewigen HBs, die er nicht einmal hinter dem Tresen aus dem Mund nahm, wenn er Bier zapfte. Der Fernseher lief oben, auf dem dreieckigen Brett, das in einer Ecke befestigt war, und er glotzte völlig regungslos hinauf zur Mattscheibe, sah sich nicht einmal um, als seine Frau sagte, dass sie wieder da sei und einen Gast mitgebracht habe, der ihr beim Köpfen des Mittagessens geholfen habe.

Als ich ihn so sitzen sah, wusste ich, was die Stunde geschlagen hatte. Im Fernsehen zeigten sie die neue Raumfähre der Amerikaner, dieses Spaceshuttle, das in Florida oder sonst irgendwo auf dieser riesigen Kettenraupe stand und ebenfalls vor sich hin qualmte, ein gewaltiger Feuerwerkskörper, in dessen Spitze eine Handvoll lebensmüder Amis saß und darauf wartete, in den Himmel geschossen zu werden. Jungfernflug nennt man das, und wie das Leben so spielt, hatte ich nur ein paar Tage später meinen eigenen »Jungfernflug«, mit der Crohnbergerin, falls man das so sagen darf. Und ich begann natürlich nachzudenken, wie ich das Problem, das ihr Ehemann darstellte, wohl elegant und im Sinne aller Beteiligten lösen könnte.

Im Nachhinein muss ich sagen, dass dieser Tag ein Tag war, an dem es vor schicksalhaften Begebenheiten nur so wimmelte. Nicht nur hatte mir die Crohnbergerin, natürlich nicht in der Gaststube, sondern in der Küche, bei einem Glas Tee mit Rum unmissverständlich bedeutet, dass sie nicht das Geringste dagegen hatte, wenn ich mich um ihre Gunst bemühte. Ganz im Gegenteil.

Darüber hinaus jedoch tauchten ausgerechnet an diesem Frühlingsvormittag, gerade als ich das Wirtshaus mit einem ganzen Bienenschwarm an schönen Vorstellungen im Kopf verließ, die beiden G. I. auf, in Kampfmontur, mit Stiefeln und schwarz-grün gesprenkelten Käppis. Der Jeep, mit dem sie vorgefahren waren, stand direkt neben dem Eingang, ganz amerikanisch, als seien es die Pferde, die sie vor dem Saloon an der Tränke festgebunden hätten. Und ob man's glaubt oder nicht, ich ahnte damals schon, dass dieser Jeep und vor allem dessen Reifen mit dem typischen, tief eingeschnittenen Profil mir noch von größtem Vorteil sein würden. Hier stand, wenn man so will, bereits die Lösung des Problems vor mir, auch wenn es noch eine gewisse Zeit brauchte, bis ich das begriff.

Selbstverständlich herrschte eine Höllenaufregung, Tal auf, Tal ab, von Neuhaus bis Hohenstadt, nachdem der Grüne die Leiche entdeckt hatte und bald darauf jedes Kind in jedem Dorf wusste, dass es einen Mord gegeben hatte in Artelshofen. Der erste Mord überhaupt, den es in der Gegend gegeben hatte nach Kriegsende, und was davor gewesen war, zählte nicht wirklich, denn das sei etwas »ganz anderes gewesen«, wie sich die Alten ausdrückten, die ansonsten merkwürdig wenig zu berichten wussten von der »schlimmen Zeit«.

Es dauerte knapp einen Monat, dann stand in der Zeitung, in Grafenwöhr würde die Militärpolizei ermitteln, auf Ersuchen der deutschen Kripo – was von der Presse als beispielhaft für die gute Zusammenarbeit der westdeutschen Behörden mit den Amerikanern herausgestrichen wurde. Was freilich nicht in der Zeitung stand, war, dass ich am Samstag, in den letzten Stunden vor Heiligabend, hoch zum Marderloch gestapft war, weil ich wusste, dass niemand unterwegs sein würde an diesem Tag und bei diesem Wetter – wenn einer überhaupt das Haus verließ, dann nur, um in der Einfahrt und auf dem Weg zum Haus zu streuen, und es gab im Dorf Dutzende verstauchte Füße und geprellte Hintern, denn praktisch jeder wird wohl im Laufe dieser Tage einmal ausgerutscht sein, nicht nur die Sau.

Ich hatte meinen Bundeswehr-Klappspaten bei mir, den ich im Notfall schnell zusammenlegen und unter dem Mantel verstecken konnte, und es war fast ein Kinderspiel, die richtige Stelle im Schnee zu entdecken und den prallen Beutel auszugraben, in den die vielen durchsichtigen kleinen Plastiktütchen gestopft waren, die das kostbare bräunliche Pulver enthielten. Ich füllte die leere Mulde mit Steinchen und Dreck, schob frischen Schnee darüber und machte mich höchst zufrieden mit mir selbst auf den Rückweg ins Tal.

Mein Plan ging einwandfrei auf. Am Neujahrstag legten die Zupfer, die zurückgekommen waren, um die Ware aus dem Versteck zu holen, den Crohnberger um. Zum einen, weil er sich wie ein Idiot das Heroin unter der Nase wegstibitzen hatte lassen. Und zum anderen, weil ich den G. I. natürlich den Beutel mit Talkum gezeigt hatte, in der Küche von der *Juraschanze*, womit der

Crohnberger den Stoff streckte, nachdem er sich seine Portion abgezweigt hatte. Die zwei Amis ließen ein wenig durchblicken, wie sie den Crohnberger in Nürnberg kennengelernt hatten: in einer Diskothek in der Vorderen Sterngasse. Wie er mit ihnen gesoffen und geprahlt hatte, dass er alles und jeden verstecken könne, weil er an den Arsch der Welt gezogen sei, wo niemals auch nur ein Hilfspolizist hinkäme. Und wie er schließlich einen Handel eingegangen war, sich einen ordentlichen Batzen Geld bezahlen ließ dafür, dass er den Stoff, wie er glaubte, absolut sicher aufbewahren würde. Bloß dass er nicht damit gerechnet hat, dass am Arsch der Welt Leute leben, die Augen im Kopf haben und zwei und zwei zusammenzählen können, der armselige Tropf!

Im November schossen sie zum zweiten Mal ein Spaceshuttle ins All, da war der Crohnberger noch mit Weizenbier vorm Fernseher gesessen, aber im März, als die Amerikaner ihr Weltraumgefährt zum dritten Mal nach oben schickten, interessierte das im Dorf überhaupt niemanden mehr, und auch der Crohnberger sah mittlerweile nur noch von unten den Radieschen beim Wachsen zu. Die Militärpolizei war den beiden Mördern in Uniform schließlich auf die Schliche gekommen. Alle atmeten auf und waren froh, dass es doch keine Kriminellen gab in der Gemeinde und im ganzen oberen Pegnitztal, denn die Tat war von zwei Ausländern an einem Zugezogenen verübt worden, sodass es gar nicht richtig zählte, und wer mochte, durfte weiterhin behaupten, im Dorf habe es noch nie ein Kapitalverbrechen gegeben, so friedlich sei es bei uns. Das Böse gab es weiterhin nur in Nürnberg und anderen Gegenden, die so weit weg waren, dass man sie nur aus dem Fernsehen kannte.

Nachdem die verhafteten G. I. sich an unsere Abmachung hielten und kein Sterbenswörtchen über meine kleine Nebenrolle verloren, war ich glücklich am Ziel. Dem halben Kilo Stoff, das der Crohnberger unterschlagen hatte, trauerte ich keine Sekunde nach, nachdem ich es den gestiefelten Eigentümern zurückgegeben hatte, gegen ihr Cowboy-Ehrenwort sozusagen. Mir war es ja nicht ums Geld, sondern um etwas ganz anderes gegangen, etwas, das mit einem kleinen Loch in einer Stirn sich hatte erledigen lassen.

Mein Gewissen brachte ich schnell zum Schweigen, indem ich mir sagte, dass der Crohnberger doch nur ein kaputter Säufer gewesen war, der über kurz oder lang am Alkohol zugrunde gegangen wäre. Was mir nicht passieren wird, obwohl ich ja nun selbst ein Wirt geworden bin. Genau genommen: der glückliche Ehemann der Wirtin von der *Juraschanze*. Nur einen kleinen Wermutstropfen musste ich schlucken: Ich gehe seitdem viel seltener zum *Pechwirt*, und ich weiß gar nicht, ob ich überhaupt noch schafkopfen kann.

Tommie Goerz
Am Kanal

Er wusste nicht, an was er alles gedacht hatte. Ein Kopf denkt doch die ganze Zeit. Warum hatte der Kommissar ihn danach gefragt? Das alles hatte doch keiner ahnen können, und dann war es so rasend schnell gegangen. Da handelt man doch nur und denkt nicht mehr. Und trotzdem fragte der Kommissar solche Sachen. Aber wahrscheinlich meinte er es ganz anders, wollte etwas anderes wissen. Aber was?

Er war noch so mitgenommen, völlig durcheinander.

Es war ein Tag wie viele andere gewesen, an denen er fischen ging. Noch vor Sonnenaufgang war er daheim losgefahren. Sein Angelzeug hatte er schon am Abend vorher ins Auto gepackt, und so hatte er mit dem allerersten Morgengrauen den Kanal erreicht. Erst dann nämlich durfte man dort angeln, das Nachtfischen am Main-Donau-Kanal war durch den Fischereiverband Mittelfranken verboten. Dafür aber konnte man, wenn man im Besitz der Verbandskarte war, von Kilometer 33,0 an, das war oberhalb der Schleuse bei Hausen, bis hinunter zu Kilometer 98,5, also bis jenseits der Schleuse von Hilpoltstein, fischen – ein riesiges Gebiet. Auch wenn die wirklich interessanten Spots wie der Nürnberger Hafen oder die Schleusenbereiche für die Fischerei gesperrt waren, hatte diese Regelung doch für ihn den großen Vorteil, dass er sich in den langen Zwischenstücken frei bewegen konnte. Für das Spinnfischen oder Blinkern, für das er sich entschieden hatte, war das genau das

Richtige. Man setzte sich nicht einfach irgendwohin und hielt die Angel hinein, sondern suchte erst eine Stelle mit Fischen.

So hatte er diesmal seinen Wagen bei Baiersdorf an der Straßenbrücke nach Röttenbach abgestellt, seine Sachen gepackt und war losgezogen. Er wollte das Stück bis Hausen hinauf nach Stellen mit beißwilligen Fischen erkunden und hatte im Gehen immer wieder seine Angel ausgeworfen. Dieser Kanal reizte ihn, denn so ruhig er auch meistens dalag, war er ein durchaus anspruchsvolles Gewässer, das Angler immer wieder zur Verzweiflung brachte. Nicht nur, weil es nicht leicht war, die richtigen Stellen zu finden oder überhaupt einen Fisch zum Biss zu verleiten, sondern weil die Steinschüttung dieses Kanals auch eine sehr große Hängergefahr barg. An manchen Tagen hatte er dort beim Spinnfischen schon bis zu sieben Montagen verloren und überhaupt eine Menge Lehrgeld bezahlt. Umso mehr forderte es ihn heraus, dieses Gewässer endlich zu beherrschen. Und es wurde auch schon langsam besser, immerhin hatte er im Lauf des letzten Jahres zahlreiche Barsche, sogar einen Hecht und zweimal einen Zander gefangen. Er war gespannt gewesen, was der heutige Tag bringen würde.

So war er also im ersten, noch spärlichen Licht des Tages losgezogen. Der Kanal hier war an einen Hang gebaut, und er lief auf der Talseite entlang, einem lang gezogenen Damm. Unten, Richtung Baiersdorf und Regnitz, blökten Schafe im Gehege des Schäfers, und jenseits davon, am Ausee, einem beliebten großen Badesee, glommen noch die letzten Feuer der Nacht. Jugendliche feierten an den Sommerwochenenden hier oft bis in die Morgenstunden hinein.

Was er gedacht hatte? Was tat denn das zur Sache? Dass es überhaupt nicht richtig hell wurde, das hatte er gedacht, denn schwere Wolken waren aufgezogen. Und dass es den Jugendlichen unten am Ausee bald sehr ungemütlich werden würde, hatte er gedacht, als es später wie aus Eimern zu schütten begann – so stark, dass er das Städtchen Baiersdorf jenseits von Ausee und Regnitz vor lauter Wolkenbruch nicht mehr sehen konnte. Es war hinter einer Wand aus Wasser verschwunden.

Was er gedacht hatte …? Dass ihm das Wetter egal war, der Regen, ja, er ihn geradezu genoss, weil er gut ausgerüstet war und er bei diesem Regen sicher für sich bleiben würde, das hatte er gedacht, aber das tat nichts zur Sache, der Kommissar meinte etwas ganz anderes.

Und das hatte er gedacht – das, was er fast immer dachte, wenn er am Main-Donau-Kanal fischte, weil es sich ihm unausweichlich aufzwang: Er musste an einen Satz aus Dieter Hildebrandts legendärem *Scheibenwischer* von 1982 denken, der ihm seither nie mehr aus dem Kopf gegangen war. Komisch eigentlich, dachte er, nach über dreißig Jahren hing ihm dieser Satz immer noch im Kopf. »In Hamburg sagen sie immer ›Schiff ahoi‹. In Franken werden sie jetzt sagen: ›Hoi, a Schüff!‹«, das hatte Hildebrandt damals gesagt. Und er hatte recht behalten. Erst vor ein paar Tagen, als er an seinem Computer daheim nach einem Abschnitt zum Fischen suchte, hatte er sich auf Google Earth den Kanal angesehen, aus der Vogelperspektive, beginnend bei Bamberg bis hinunter nach Plankstetten im Altmühltal, Abschnitt für Abschnitt. Eine zufällige Momentaufnahme, die er da bei Google sah, sicherlich, aber trotzdem sehr aussagekräftig, vielleicht gerade deshalb. Ganze vier fahrende Lastkähne hatte er auf den Fotografien auf diesem langen Teilstück gezählt, dazu drei an verschiedenen Anlegestellen wie etwa dem Nürnberger Hafen und drei Personenschiffe. Der Gütertransport, das wusste er, war auf diesem Gewässer schon seit Jahren rückläufig, Containertransporte fanden so gut wie nicht statt, was auch kein Wunder war. Denn die Strecke von Regensburg nach Frankfurt betrug via Kanal, also per Schiff, 549 Kilometer, per Bahn jedoch nur 339, dazu ist so ein Kahn auch noch viel langsamer. Das hatte man zwar schon in den 1960er-Jahren gewusst, den Kanal aufgrund wahrscheinlich bestellter und entsprechend bezahlter Gutachten und Prognosen aber schöngerechnet bzw. sich schönrechnen lassen und trotzdem mit dem Bau begonnen. Gegen die Einschätzung zahlloser Fachleute. Und heute? Wurden kaum Lasten auf dieser Wasserstraße befördert, dafür befuhren sie pro Jahr inzwischen rund 900 Personenschiffe – Touristen- und Hotelkähne, auf denen Amerikaner, Koreaner, Kanadier und in der letzten Zeit auch immer mehr Chinesen von der Nordsee oder vom Schwarzen Meer aus Deutschland erkundeten und an sich vorbeiziehen ließen. Sie machten inzwischen den größten Teil des Schiffsverkehrs aus, das aber hatte man während der Planungs- und Bauzeit dieses Kanals nicht ahnen können, ja, man hatte noch nicht einmal daran gedacht, die Welt war ja jenseits von Österreich zu Ende gewesen damals. Das ging ihm durch den Kopf. Und für wie überflüssig er im Grunde dieses Bauwerk hielt, wie viel Landschaft es zerstört hatte, wie viel Geld man hier vergraben hatte. Ausnahmslos Steuergeld. Das hatte er gedacht. Aber auch, wie viele Menschen der Kanal über verborgene und dunkle Kanäle reich gemacht hatte. Aus

Steuergeldern. Allein Franz Josef Strauß, brachialer Förderer und eigentlicher Durchpeitscher des Projektes, hatte den Aussagen eines seiner Söhne zufolge – und diese Zahl war nie dementiert worden – ein Vermögen von etwa 300 Millionen D-Mark hinterlassen. Das musste man sich einmal umrechnen, was das bedeutete. Nach heutigem Stand verdient ein Ministerpräsident in Bayern offiziell etwas über 13.000 Euro monatlich. Da erscheint einem ein Vermögen von 150 Millionen Euro schon schwer erklärbar, immerhin hätte Franz Josef Strauß dafür locker über 1.000 Monate Minister und Ministerpräsident gewesen sein müssen – er war aber nur 73 Jahre alt geworden, dann hatte ihn der Schlag getroffen, bezeichnenderweise beim Jagen. Natürlich war diese Rechnung einseitig, oberflächlich und von seiner Grundeinstellung geprägt, dessen war er sich völlig bewusst, und das Strauß'sche Vermögen war sicherlich nicht allein auf den Kanalbau zurückzuführen, der hatte seine Finger doch überall drin gehabt, sogar in Pinochets fürchterlicher Diktatur in Chile – ach, über diesen Politiker könnte man stundenlang Mafiöses lamentieren. Das hatte er gedacht, als er am frühen Morgen auf dem Damm des Kanals entlanggelaufen war, immer wieder innehielt und seine Angel auswarf und die richtige Bewegung seines Spinners testete. Auch dass zahlreiche Bauten dieses Kanals damals Schwarzbauten gewesen waren, die erst im Nachhinein legalisiert wurden. Und dass man jetzt schon wieder im Begriff war, Millionen in dieses nasse Grab zu investieren ... Wo immer man bei dem Bauwerk auch hinsah, stieß man auf Filz, Vetternwirtschaft, dunkle Kanäle, Kriminelles, und alles ganz eng verwoben mit der Regierung und amtlichen Stellen, es war ein einziger Skandal! Das alles hatte er gedacht, doch sollte er das dem Kommissar jetzt erzählen? Der wollte etwas anderes wissen. Ihn fröstelte, und er zog die Decke enger zusammen. Die Sachen, die man ihm gegeben hatte, passten nicht richtig, die Hose war zu eng und der Pulli viel zu groß für ihn.

Es hatte geschüttet wie aus Kübeln, ein Wolkenbruch wie gemalt.

»Und dann ist das Auto gekommen?«

Der Kommissar hatte Zeit, sah ihn an, wartete.

»Ja. Es kam von dort, wo auch mein Auto stand, ich habe es zunächst nur gesehen, an den Scheinwerfern, wissen Sie. Ich hatte es zuerst gar nicht gehört, der Regen war ja auch so laut, wissen Sie, unter meiner Kapuze.«

»Und – ist es schnell gefahren?«

»Nein, eher langsam. Und auch in leichten Schlangenlinien. Der fährt aber komisch, habe ich mir noch gedacht und war etwas misstrauisch. Wissen Sie, ich habe das schon einmal erlebt, dass auf so einem Weg am Kanal, nicht hier, sondern südlich von Nürnberg, ein Besoffener entlanggebrettert ist, wahrscheinlich auf dem Heimweg, damit er nicht in eine Polizeikontrolle gerät. Da wird es einem schon komisch, wissen Sie, man weiß ja nicht, ob der einen sieht. Am Schluss mangelt der einen noch um. Aber gut, heute der war nicht schnell, er fuhr eher wie tastend.«

Der Kommissar nickte, aber diese Geschichte schien ihn nicht zu interessieren.

»Hat Sie der Fahrer gesehen?«

»Der heute? Ich glaube nicht.«

»Wieso meinen Sie?«

»Weil er in seinen langsamen Schlangenlinien einfach immer so weitergefahren ist.«

»Meinen Sie, dass er betrunken war?«

»Es wirkte auf mich eher so, als sei er abgelenkt. Oder als sei ihm schlecht, und er kämpfe dagegen an. Er kam immer wieder fast vom Weg ab und riss dann das Steuer im letzten Moment herum. Fuhr auch mal schneller, dann wieder langsamer. Er war mir auf jeden Fall nicht ganz geheuer. Wie unter Drogen kam mir die Fahrweise vor.«

»Kam er auf beiden Seiten vom Weg ab?«

Da musste er erst überlegen, sich das Bild wieder vergegenwärtigen. »Nein, wenn Sie so fragen: nein. Vom Weg kam er immer nur zur Wasserseite hin ab.«

Er dachte einen Moment nach. »Vielleicht war mir auch deshalb so mulmig? Weil – ich stand ja auf der Wasserseite. Und vielleicht daher auch meine Vermutung, dass ihm unwohl sei?«

Der Polizist nickte, er schien zu verstehen.

»Und Sie haben nicht die Seite gewechselt und versucht, sich in Sicherheit zu bringen, vorsorglich, meine ich?«

Er schüttelte den Kopf. »Ich wusste doch nicht, was passiert, nein, ich habe mich nur tiefer ans Ufer gekauert, mich klein gemacht. Und ich war auch bereit zum Sprung. Die Bewegungen des Wagens waren mir irgendwie unheimlich, ich kann das gar nicht richtig erklären.«

Der Polizist machte sich Notizen. »Als der Wagen dann an Ihnen vorbeigefahren ist, hat Sie der Fahrer da gesehen?«

»Nein, zumindest hat er mich nicht angesehen, also er hat nicht zu mir geschaut, hat den Kopf nicht gedreht.«

»Waren die Scheiben des Wagens nicht beschlagen? Ich meine, bei diesem Wetter ist das ja durchaus wahrscheinlich.«

Da stutzte er einen Moment, denn ihm fiel etwas ein: »Nein, ich habe den Fahrer ganz deutlich gesehen, denn er hatte seine Scheibe heruntergelassen, jetzt wo Sie so fragen. Und ich habe mich noch gewundert, warum er das tut bei diesem Wetter. Da wird doch im Wagen alles nass.«

Der Kommissar stockte. »Die Seitenscheibe war heruntergelassen? Sind Sie sich da sicher?«

Er nickte. »Absolut.«

Jetzt begann er auch zu begreifen, auf was der Kommissar hinauswollte, was für einen Gedanken er im Kopf hatte. Konnte das möglich sein?

»Das könnten Sie im Zweifelsfall auch bezeugen?«

»Jederzeit, ja.« Er war sich absolut sicher.

Eine kurze Pause entstand.

»Haben Sie da schon gesehen, dass weitere Personen im Wagen waren?«

Er zögerte. »Nein, nicht bewusst. Aber vielleicht habe ich es irgendwie geahnt? Oder unbewusst wahrgenommen ... ich weiß es nicht.«

»Bitte versuchen Sie sich an jede Einzelheit und Kleinigkeit zu erinnern, auch wenn sie Ihnen noch so unbedeutend oder unwichtig erscheint. Was geschah dann?«

Er hatte den Typen gesehen im Wagen. Nein, verwirrt hatte er nicht gewirkt, auch nicht irgendwie benommen, sein Blick schien ihm ganz klar, nur wie in die Weite gerichtet, ein bisschen starr, wie nicht ganz präsent, aber trotzdem eindeutig wach. Als wenn er durch den dichten Regen nichts sehen konnte. Der Scheibenwischer aber war an, das hatte er gesehen, er wischte ja auch ganz schnell. Der andere war an ihm vorbeigefahren, und er hatte ihm nur etwas verständnislos hinterhergesehen und den Kopf geschüttelt. Der Mann im Wagen war ihm vorgekommen wie einer in einem fremden Land. Oder unwirklich, wie aus einem Film. Und dann, auf Höhe der Bank, vielleicht zehn, fünfzehn Meter weiter, hatte er plötzlich etwas beschleunigt.

»Vielleicht war er ja irritiert, das könnte ich mir vorstellen. An der Bank lehnte ja dieses Schild, das normalerweise als Warnhinweis in scharfen Kurven steht, das Schild mit diesen abwechselnd roten und weißen Zacken ... oder Strichen ...« Er hatte keine Ahnung, wie man dieses Schild nannte, auch keine Ahnung, wie dieses Schild dorthin gekommen war. Wahrscheinlich hatten es Jugendliche im Übermut an der Baustelle jenseits der Brücke geklaut, bis hierher mitgeschleppt und dann einfach entsorgt. Wäre ja vorstellbar.

Der Kommissar sah zu dem Schild und nickte.

Der Wagen hatte ihn passiert, er hatte ihm hinterhergeschaut, schon fast mit ihm abgeschlossen, und wollte sich wieder dem Fischen widmen, da hatte der Fahrer plötzlich leicht beschleunigt, der Wagen war abrupt nach links abgebogen, über die Steine gehoppelt ...

Das ist doch ... der ist doch ... der wird doch nicht ...!, hatte er noch gedacht und fassungslos hinterhergesehen, da war der Wagen schon im Wasser. Fuhr einfach so hinein. Bugwelle, Schaum, der Motorraum versank, am anderen Ufer flogen erschreckt quakende Enten auf. Der Anfang von Wim Wenders' Film *Im Lauf der Zeit* war ihm eingefallen, wo Hanns Zischler mit seinem VW-Käfer in Selbstmordabsicht mit Karacho in die Elbe rauscht – und dann scheinbar alle Zeit der Welt hat, das Schiebedach zu öffnen und mit seinem Köfferchen aus dem Dach zu krabbeln, während unter ihm das Auto langsam vollläuft und schließlich absäuft, weggluckert. Hier aber war alles anders. Der Fahrer hatte, noch während sein Wagen über die Steine der Uferböschung hinunterhoppelte, die Fahrertüre geöffnet und versucht, sich aus dem Wagen zu befreien, da tauchte das Auto schon ins Wasser, und er hatte ganz offensichtlich Mühe, die Türe aufzuhalten und aus dem Wagen zu kommen. Erst als der Wagen schon halb vollgelaufen war, gelang es dem Fahrer endlich. Er selbst aber hatte sein Angelzeug schon stehen und liegen gelassen, ohne zu überlegen, und war hinübergesprintet, um dem Mann zu helfen. Der jedoch hatte sich inzwischen befreien können und krabbelte tropfend nass das Ufer herauf. Der Wagen hinter ihm versank langsam und gluckste, blubberte. Und da – nein, er irrte sich … nein, er irrte sich doch nicht – war eine Stimme. Eine Frauenstimme, wie überrascht und fragend. Wie aus dem Schlaf heraus. Und auch ein kleines Kind, das plötzlich quäkte.

Hatte er sich nur verhört? Kam das vom Blubbern und vom Glucksen, vielleicht vom Luftentweichen?

Doch dann der Schrei. Panisch und lang gezogen.

»Ist da noch jemand drin?«, schrie er den Nassen an.

Der reagierte nicht, wahrscheinlich stand er unter Schock, doch war die Antwort längst gegeben: Vor seinen Augen versanken gerade eine Frau und ein Kind, vielleicht auch zwei. Das Fahrzeug blubberte und sank und sank, er sah nur noch das Dach. Das Wasser schäumte, Regen prasselte, zum offenen Seitenfenster strömte Luft heraus, Wasser hinein.

Dann war der Wagen weg, nur noch das Dach ragte kurz aus dem Wasser, einen Augenblick, die graue Brühe schluckte alles, auch den Schrei. Der Unglücksfahrer wollte ihn festhalten, wirkte verwirrt, apathisch, fern von allem.

Er aber hatte sich dann losgerissen, Schuhe, Hose, Cape und Hemd ganz einfach irgendwie vom Leib gefetzt, keine Erinnerung daran, auch er wohl unter Schock, und hatte sich hineingestürzt, dem Wagen hinterher. Die braune Brühe kalt und trüb, er tauchte, tastete nach dem Wagen. Dach, Heckscheibe, Seitenscheibe, das Auto schob sich von ihm fort, weiter hinunter. Vier Meter tief war der Kanal, das wusste er. Er drehte, tauchte wieder auf, er holte Luft, er war ein guter Schwimmer, konnte tauchen. Tauchte wieder hinab, er suchte, fand den Wagen, tastete, er rutschte ab, fand dann die Seitentür und riss am Griff.

Abgesperrt.

Probierte es an der Hintertür.

Verschlossen.

Klopfte an die Scheibe, sah einen Arm am Fensterglas sich noch bewegen, pochte an die Scheibe, musste wieder hinauf.

Er tauchte auf, schnappte nach Luft, zweimal, dreimal, viermal, tief, dann wieder hinunter, suchte, tastete die Fahrertür, doch er hatte keine Luft mehr, musste wieder hinauf.

Er war schon außer Atem.

Der Fahrer stand am Ufer, teilnahmslos, und schaute, sah ihm zu. Wie lange war der Wagen schon versunken? Wie oft war er hinabgetaucht, wie lange unter Wasser? Konnte ein Mensch dort unten das noch überleben?

Er schrie den Mann an: »Hey!«

Der reagierte nicht.

Er stand im Wasser, schrie noch lauter. »Hey!!«

Der reagierte nicht.

Er holte Luft, tauchte erneut hinab, doch er spürte seine Kräfte schwinden, er war leer. Es war nichts mehr zu machen. Konnte er aufgeben? Durfte er überhaupt?

Er konnte nichts mehr tun. Tropfnass stieg er hinaus und pumpte, völlig verausgabt. Die Lunge tat ihm weh. Der andere stand am Ufer, schrie jetzt, schlug sich die Hände vors Gesicht, er schien von Sinnen. Doch irgendetwas ... war das echt? Man hat manchmal so ein Gefühl ... Es wirkte irgendwie wie einstudiert, der andere sah ihn immer wieder für Momente an, fast wie prüfend, wie er reagierte.

Wie oft war er hinuntergetaucht, dem Auto hinterher? Viermal? Fünfmal? Er konnte es nicht sagen, er hoffte später, sieben- oder achtmal oder öfter.

War das denn alles echt? Wie ist das, wenn jemand im Schock sich selbst vergisst? Oder in großer Verzweiflung? Schreit der dann so? Und rennt der hin und her, gänzlich von Sinnen, wie dieser es jetzt tat? Und zwischendurch mit klarem, fast prüfendem Blick, Momente lang? Er konnte sich auch täuschen. Er hatte keine Ahnung, doch irgendwie erschien es ihm gespielt.

Er wehrte sich gegen die Vorstellung. Er täuschte sich, ganz sicher! So etwas konnte gar nicht sein. Und nur vier Meter neben ihm ertranken soeben zwei Menschen, waren zwei Leben zu Ende ... Gerade noch mitten im Leben, jetzt ... ja was? Ja wo? Man hatte keine Ahnung, wusste nur, das ist das Ende, irgendwie.

Noch einmal tauchte er hinab, schon ohne Hoffnung. Ergebnislos. Er hatte keine Reserven mehr.

Am anderen Ufer, 55 Meter entfernt, so breit war der Kanal, stand eine Handvoll Menschen, glotzte, doch keiner tat etwas. Dort drüben, am leichten Hang zum Wald hinauf, das wusste er, befand sich eine Quelle, der ein bestimmter Menschenschlag besondere Kräfte zusprach. Vom Morgengrauen an standen sie dort nicht selten an, um ihre mitgebrachten Flaschen und Kanister zu befüllen. Das Wasser war einmal getestet worden, in einem Labor analysiert, und man riet davon ab, es zu trinken. Doch ist der Glaube immer stärker als die Wissenschaft und ihre Ergebnisse. Die Leute glaubten, und da halfen keine Analysen, keine Argumente. Die Leute holten sich das Wasser, schworen darauf und tranken es. Jetzt standen sie dort drüben, glotzten, glaubten. Sie hatten kein Vertrauen in die echte Welt.

•

Der Regen hatte aufgehört.

Er nahm sein Handy, atemlos und nass und nackt, und rief die Polizei an, 112. Er fror, doch das machte ihm nichts aus. Die Zeit stand still, er wartete, er konnte nichts mehr tun. Noch immer stiegen dort, wo das Auto versunken war, Blasen auf, vereinzelt.

Von Baiersdorf herüber heulten bald Sirenen, die von Kleinseebach wenig später auch, und dann, nach einer Ewigkeit, sah er die ersten blauen Lichter unten auf der Straße.

Er saß am Ufer, als sie kamen, da lag der andere schon lang hingestreckt quer auf dem Weg. Er hatte dessen Hysterie und Schreien nicht mehr ertragen, hatte zurückgeschrien, dass er endlich ruhig sein solle und, als das nichts half, ihn erst geschüttelt und dann einfach niedergestreckt, mit einem gezielten Haken. Oder zwei.

Dann war es ruhig, genauso unerträglich.

Die ersten Taucher machten sich bereit.

•

»Es kommt jetzt sehr genau auf Ihre Aussage an«, sagte der Kommissar, »darauf, was Sie beobachtet haben und wie Sie uns das schildern.«

»Sie meinen, dass ...«

Der nickte. »Ja, dass es vielleicht kein Unfall war.«

Sie hatten ihn vor Ort zum Wichtigsten befragt und dann beschlossen, ihn und auch den anderen ins Präsidium mitzunehmen. Dort saß er nun in schlecht sitzenden, zu kleinen und zu großen Klamotten, die man ihm gegeben hatte. Die Hose zwickte, er hatte sie am Bund nicht schließen können, und der Pullover war ihm viel zu weit. Und grün. Seine eigenen Kleidungsstücke hatten sie mitgenommen, die seien gerade beim Trocknen, sagten sie. Ein Kaffee dampfte vor ihm auf dem Tisch.

Er schwieg und dachte nach.

»Es hat geschüttet, sagten Sie?«

Er nickte. »Wie aus Eimern.«

»Warum aber hat dann jemand das Fenster seines Autos offen?«

»Ich weiß es nicht.«

»Doch dass es offen war, das können Sie bezeugen?«

»Ja.« Er war sich absolut sicher.

»Und er ist, als das Auto noch nicht im Wasser war, schon aus der offenen Türe ...?«

Er musste nicht überlegen. »Ja, die Fahrertüre ging schon auf, als das Auto noch auf der Uferschräge war.«

»Ganz sicher?«

»Sicher.«

»Als ob der Fahrer schon darauf vorbereitet war?«

»Das kann ich so nicht sagen.«

So ging das eine ganze Zeit, und der Kommissar machte sich ständig Notizen.

Dann zog man einen Psychologen hinzu. Wie das genau gewesen sei, wie der Fahrer sich verhalten habe, als er selber tauchte? Wie er zuerst geschwiegen habe, dann geschrien, schließlich schreiend auf und ab gelaufen sei ...?

Was hing auf einmal alles von seinen Beobachtungen ab und seinen Schilderungen, vielleicht sogar von seiner Wortwahl! Welch großes Unrecht konnte er diesem Mann jetzt antun, in welches Unglück könnte er ihn stürzen – einen Menschen, der erst vor Stundenfrist seine geliebte Frau samt Kind verloren hatte! Doch welch Unrecht auch der Frau und diesem Kind, die man inzwischen geborgen hatte und die jetzt tot in irgendeinem Kühlfach lagen, dachte er.

Man kann Dinge, die man gesehen hat, nicht wahrheitsgemäß beschreiben. Selbst wenn die Worte für dich stimmen, stimmig sind – das, was sie anderen sagen, auch das, was diese hören oder hören wollen, was sie verstehen und wie, liegt nicht in deiner Hand.

Er hatte doch nur angeln gehen wollen am Kanal ...

(Diese Geschichte basiert auf einer wahren Begebenheit)

Thomas Kastura
Die Jagd nach dem Kunigunden-Rubin

Staatsanwalt Brandeisen betrachtete sich im Spiegel und sang ein mittelhochdeutsches Lied. »Schoeniu lant rich unde here, swaz ich der noch han gesehen ...« Dabei überprüfte er den Sitz seines Kettenpanzers, nach Maß gefertigt von einem Schmied aus Langenzenn, der sich auf historische Rüstungen spezialisiert hatte. Passte wie angegossen. Dann zog er den weißen Waffenrock aus unbehandelter Baumwolle über und sorgte dafür, dass man das rote Kreuz auf der Brust gut erkennen konnte. Er gürtete sich mit einem fränkischen Langschwert und setzte einen konischen Helm mit Nasenschutz auf, beides Replikas aus gehärtetem Kohlenstoffstahl. Ein blauer Schild mit einem silbernen Adler, dem Wappen der Grafen von Andechs-Meranien, komplettierte das Ensemble. Sogar an die Lanze mit dem silbernen Fähnlein, auf das ebenfalls ein rotes Kreuz gestickt war, hatte Brandeisen gedacht.

Er drehte sich einmal um die eigene Achse. Und es gefiel ihm, was er sah. Fürwahr, in diesem Jahr würde *er* der Star des BRK Rosenmontagsballs sein. Das Motto lautete »Ritter, Hexen, Burggespenster«. Er ging als Bamberger Stadtritter, der dem heiligen Georg nachempfunden war. Jetzt fehlte nur noch ein Drache zum Töten.

»Sind Sie endlich fertig, Gerhard?«, rief er.

»Grmhm«, brummelte Küps von draußen.

»Wo bleiben Sie denn? Ich bin schon gespannt auf Ihr Kostüm.«

Widerstrebend schlurfte der Kommissar zum An-kleidezimmer des Staatsanwalts, wo sich die beiden Ermittler auf ihren großen Auftritt vorbereiten wollten. Doch Brandeisen blockierte seit Stunden den Spiegel. Also hatte sich Küps auf dem Flur umgezogen und der-weil ein stärkendes Bockbier getrunken. Gesellschaft-liche Verpflichtungen waren ihm ein Graus. Für den Rosenmontagsball im Ziegelbau musste er vorglühen.

Brandeisen traute seinen Augen nicht. Herein kam eine vierschrötige Marktfrau in einem Gewand, das ei-nem Gemeinschaftszelt der Pfadfinder nicht unähnlich war – außer, dass es geblümt war. Sie trug ein Kopftuch, im Arm hatte sie einen Korb mit allerlei Gemüse. Am auffälligsten war jedoch ein überdimensionierter Bu-sen – und ein Dreitagebart.

»Ist das Ihr Ernst?«

»Sicher«, sagte Küps. »Die Humsera war doch ein Bamberger Original.«

»Ich weiß.« Brandeisen seufzte. Jedermann kannte die Humsera, eine Gärtnerin aus früheren Zeiten, der man ein loses Mundwerk nachgesagt hatte und die zu ei-nem volkstümlichen Wahrzeichen geworden war. An sie erinnerte sogar eine Brunnenfigur am Grünen Markt. »Aber was ist mit dem Motto? Ritter und so weiter?«

»Das Motto ist doch wurscht, Hauptsache Bamberg.«

»Im Stillen habe ich gehofft, dass Sie meinem Vor-schlag folgen und als Knappe gehen. Wir würden uns hervorragend ergänzen. Und nun das! Ein Mann in Frau-enkleidern … Sind wir jetzt bei *Charleys Tante*?«

Küps zog seinen Busen hoch. Er hatte das vermale-deite Ding mit Dämmmaterial von seinem Dachboden ausgestopft. Trotzdem rutschte es dauernd nach unten.

»Wäre diese Maskierung nicht etwas für Ihre Frau Gemahlin?«, hakte Brandeisen nach.

»Die kann nicht. Ihr altes Knieleiden macht ihr wieder zu schaffen.« Küps verschwieg, dass er die Ausrede seiner Angetrauten schon vorausgeahnt und ihr Humsera-Kostüm kurzerhand konfisziert hatte. Er besaß zwar noch einen Piratenhut, doch das dazu passende Ringelshirt war ihm etwas zu klein geworden.

»Heißt das, Sie haben nicht einmal eine Balldame?«

»Und was ist mit Ihnen?«

»Ich, mein Lieber, bin Junggeselle. Niemand erwartet von mir, dass ich in weiblicher Begleitung erscheine. Wohingegen Sie –«

»Regen Sie sich ab. Meine Schwägerin springt ein.«

»Ihre Schwägerin?«

»Die jüngere Schwester meiner Frau. Walburg, aus Strullendorf.«

»Aha, schön, das auch zu erfahren!«

Der Kommissar deutete auf seine Armbanduhr. »Wir müssen los. Das Taxi wartet.«

»Sagen Sie das doch gleich!«

Es dauerte eine Weile, bis Brandeisen sich und all seine Requisiten in der Droschke verstaut hatte. Dann ließen sie sich zum Ziegelbau kutschieren, einem Gebäude, das zum *Kongresshotel* gehörte und als Ballsaal genutzt wurde. Der Staatsanwalt lag auf dem Rücksitz, weil seine Bewegungsfreiheit durch die Kettenrüstung stark eingeschränkt war.

Küps saß vorne und stierte vor sich hin.

»Hast du heut Abend noch was vor?«, fragte ihn der türkische Taxifahrer. Er trug einen monströsen Turban und konnte sich das Lachen kaum verkneifen. »Ich kenn da eine Bar, wo wir zwei Hübschen …«

»Verarschen kann ich mich selber«, knurrte der Kommissar. »Kripo Bamberg!«

»Und ich bin Hassan, der Sultan von der Gereuth«, gab der Mann zurück. »Dicke Frau – schöne Frau!«

»Halt die Pappn! Noch *ein* Wort, und du fährst zu deinen zweiundsiebzig Jungfrauen.«

Der Taxler ließ sich nicht einschüchtern. An der nächsten Ampel machte er eine Handyaufnahme von Küps, um sie auf Facebook zu veröffentlichen. »Das glaubt mir kein Mensch.«

Brandeisen begriff. Schlimm genug, dass sein alter Freund Bambergs bekanntesten und beliebtesten Faschingsball in dieser Humsera-Aufmachung heimsuchte. Doch brachiale Komik kam in den tollen Tagen gut an, da war man einfach gestrickt. Wenn Küps noch ein bisschen mit dem Busen wackelte – was aufgrund der Schwerkraft nicht zu vermeiden war – würde er ihm, dem Stadtritter ohne Furcht und Tadel, mühelos den Rang ablaufen. Die Welt war ungerecht.

Nach einer endlosen Viertelstunde kamen sie an.

»Wir sehen uns noch, meine kleine Sultanine!«, rief Hassan dem Kommissar hinterher.

Am Eingang zum Ziegelbau wartete die Schwägerin. Küps begrüßte sie, gab ihr eine Eintrittskarte und stellte den Staatsanwalt vor. Dem stockte der Atem. Walburg sah gar nicht wie eine Walburg oder eine Anverwandte der festungsartigen Kommissarsgattin aus. Es empfing ihn ein junges, gertenschlankes Geschöpf in bunten Strumpfhosen. Ihr Wams zeigte ein gewürfeltes Muster, auf dem Kopf trug sie eine Narrenkappe mit Eselsohren und Schellen, an den Füßen Schnabelschuhe. Alles in allem sehr ansprechend.

»Gott befohlen«, sagte Brandeisen und bot ihr seinen schildbewehrten Arm. »Wollt Ihr mein Hofnarr sein für diese denkwürdige Nacht?«

Walburg lächelte gewinnend. »Danke, aber ich geh lieber voraus und kündige den standhaften Ritter an.«

»Wie's beliebt. Das wäre sogar noch besser.«

Und schon ging es los. Der Staatsanwalt betrat huldvoll den Saal. Allein dank seiner Körpergröße von fast zwei Metern würde er Eindruck machen, das wusste er, und seine Lanze überragte ihn noch.

»Hört, Ihr Leut!«, begann Walburg. »Hier kommt Brandeisen von der ewigen Wacht!«

»Sankt Georg«, zischte er.

»Tschuldigung. Hier kommt ... Sankt Georg!«

»Verteidiger des Glaubens«, fügte er hinzu. »Retter des –«

»Und Ritter von der traurigen Gestalt!« Walburg verbeugte sich vor den versammelten Gästen, die jedoch keinerlei Notiz von den neu eingetroffenen Besuchern nahmen.

Dafür gab es zwei Gründe. Erstens: Der Ball war bereits in vollem Gange, gerade wurde eifrig das Tanzbein geschwungen. Zweitens: Zahlreiche andere Stadtritter waren auf die gleiche Idee wie Brandeisen gekommen. Ihre Kostüme, vorwiegend aus Plastik und Polyester, ließen natürlich zu wünschen übrig, außerdem besaßen sie keine Lanzen, nur ein paar lächerliche Gummischwerter und Pappschilde. Doch der Überraschungseffekt löste sich in Luft auf.

Erst als Küps hinter dem Staatsanwalt hervortrat, gab es Szenenapplaus. Jedermann deutete auf die Humsera und lachte sich scheckig.

»Viel Spaß noch«, sagte Walburg und verschwand in der Menge.

Brandeisen und Küps suchten sich einen Stehtisch am Rande der Geschehnisse – Stehtisch, weil Brandeisen schlecht sitzen konnte. Dauernd kamen Leute vorbei, um die Humsera zum Tanz aufzufordern: der OB, der zweite Bürgermeister, allerlei angetrunkene Stadträte und wen der Teufel sonst noch zu diesem Gelage befohlen hatte.

Der Kommissar hielt sich an seinem Bierseidla fest und sagte jedes Mal: »Schau, dass d' weiterkommst.« Langsam dämmerte ihm, dass sein Kostüm doch keine gute Idee gewesen war.

Brandeisen trank Kamillentee, weil kein historisch korrekter Met gereicht wurde. Niemand beachtete ihn. Es versprach ein demütigender Abend zu werden.

Auf der Tanzfläche tummelten sich die Feiernden. Neben den erwähnten Stadtrittern hatten zahlreiche Hexen mit Warzen, Zahnlücken und zerlumpten Gewändern in den Ziegelbau gefunden. Es gab mehrere Bären, die Poldi, den ehemaligen Burgbären der Altenburg, darstellten. Gespenster huschten in Bettlaken oder Skelettanzügen herum. Doch nicht jeder hielt sich an das Motto. Ein Neptun mit Dreizack mimte den Gabelmann bzw. Goblmoo. Und sogar E. T. A. Hoffmann war mit von der Partie.

Nach einem Foxtrott pausierte das Orchester. Es wurde um Stille gebeten. Ein besonderer Gast bestieg die Bühne. »Ohs!« und »Ahs!« ertönten.

Die Schirmherrin des Balls verschaffte sich Gehör: Leokardia Freifrau Schwengelstiel von Schwürbitz. Auch sie ging als Hexe, hatte aber die erotische Variante gewählt: ein knappes, knallrotes Satinkleid, dazu ein schwarzes Schnürkorsett, Strumpfband und hochhackige Schuhe. Da blieb selbst dem Erzbischof, dessen Vorgänger im siebzehnten Jahrhundert fast eintausend Malefikanten auf den Scheiterhaufen geschickt hatten, die Spucke weg.

Die Adlige hielt eine kleine Rede über den Fasching und würdigte die fantasievollen Kostüme der Anwesenden. »Heuer haben es die Verbrecher besonders schwer«, scherzte Leokardia. »Die Humsera ist ihnen auf den Fersen.« Tosender Beifall. Küps drohte zu platzen.

Dann dankte die Freifrau den Sponsoren, aber die Aufmerksamkeit sämtlicher Zuschauer galt weniger ihren Worten als vielmehr dem, was sie um den Hals trug. An einer Goldkette hing ein riesiger, gefasster Edelstein, blutrot und facettenreich schimmernd. Der Kunigunden-Rubin!

Brandeisen kannte das sagenumwobene Pretiosum nur aus den Geschichtsbüchern. Im Flüsterton teilte er sein Wissen dem Kommissar mit: Seit dem neunzehnten Jahrhundert befand sich der Rubin im Familienbesitz derer von Schwürbitz, einem verarmten fränkischen Adelsgeschlecht, dessen itzgründischer Familiensitz bereits von den Schweden im Dreißigjährigen Krieg zerstört worden war. Danach verwalteten die Freiherren ihre dahinschmelzenden Latifundien mehr schlecht als recht. Zur Kolonialzeit wanderte der junge Rigoletto Freiherr Schwengelstiel von Schwürbitz nach Deutsch-Ostafrika aus, doch das Schwarzwasserfieber raffte ihn auf seiner Kaffeefarm dahin. Das Einzige, das seine Gattin Melusine bei der Rückkehr nach Franken retten konnte, war ein hühnereigroßer Rubin, das Geschenk eines Stammesfürsten der Massai.

Hierauf gelangte der Karfunkel in den Itzgrund. Melusine ließ den Rubin schleifen und fassen, benannte ihn nach der Bamberger Stadtheiligen Kunigunde und trug ihn bis ins hohe Alter offen am Hals. Außer diesem staunenswerten Juwel, einem Häuschen in Loffeld am Staffelberg und ihrem Adelstitel hatte sie zur Stunde ihres Todes nichts mehr besessen. Den folgenden Freiherren und -frauen erging es kaum anders. Nur in jüngster Zeit machte Leokardia, die Letzte in der Linie, von sich reden. Sie heiratete einen australischen Opal-Milliardär, doch der Greis verstarb noch in der Hochzeitsnacht. Man fand ihn mit einem seligen Lächeln auf dem Gesicht, vielleicht weil er vor seinem Ableben noch sein Testament geändert hatte, das nicht seine Gattin, sondern ein Koalabärreservat erblich begünstigte. Seither war Leokardia auf sich allein gestellt. Hin und wieder tauchte sie in regionalen Promiblättchen auf. Sie eröffnete Einkaufszentren, Unterführungen und Brücken für Umgehungsstraßen, bei denen noch die Umgehungsstraße fehlte – fest entschlossen, ihren Platz in der besseren Gesellschaft zu behaupten. Die Politik mied sie, auf diesem Parkett waren schon andere fränkische Aristokraten ausgerutscht. Nein, bei harmlosen Vergnügungen wie dem BRK Rosenmontagsball fühlte sie sich gut aufgehoben. Und je mehr Pressefotografen anwesend waren, desto besser. Das hob ihren Bekanntheitsgrad.

Inzwischen war Leokardia am Ende ihrer Rede angelangt. »Kommen wir zur Preisverleihung«, sagte sie. »Zum ersten Mal wird das beste Kostüm des Abends prämiert.« Trommelwirbel vom Orchester. Langsam öffnete sie einen vorbereiteten Umschlag und verkündete: »Der Gewinner ist … Staatsanwalt Brandeisen!«

Seine Lippen bebten. Nein! War es möglich? Lächelte ihm Fortuna schließlich doch noch zu?

»Kommen Sie auf die Bühne!«, forderte Leokardia ihn unter dem Beifall der Ballgäste auf.

Wie in Trance erhob sich Brandeisen, nahm seinen Helm ab und stakste mit klirrender Rüstung zum Rednerpult. Es dauerte eine Weile, bis er es erklommen hatte. Leokardia schüttelte ihm die Hand und setzte ihm den Preis auf den Kopf – eine goldene Narrenkappe. Vor Rührung verdrückte der Staatsanwalt eine Träne. Dann wandte er sich an das Auditorium. Auf welche Weise sollte er sich bedanken? Vielleicht mit einer Ansprache auf Mittelhochdeutsch!

»Ich saz ûf eime steine, und dahte bein mit beine ...«, fing er an.

Plötzlich geschah vieles gleichzeitig. Zu seinen Füßen zischte es, schlagartig hüllte dicker Rauch ihn ein. Während er hustend vom Rednerpult zurückwich und den Waffenrock als Atemschutz vor Mund und Nase schlug, konnte er Leokardia erkennen, die ebenfalls mit dem Qualm kämpfte. Da näherte sich ihr eine Gestalt von hinten, vollführte einen echsengleichen Sprung und riss der Freifrau den Rubin vom Hals. So schnell, wie es gekommen war, verschwand das merkwürdige Wesen. Es sah aus wie ein mannsgroßes Reptil, sehnig, gelenkig und schwarz-rot glühend, als sei es Höllenschlünden entsprungen.

Leokardia schrie auf. Sie fasste sich ans Dekolleté und fiel in Ohnmacht.

Doch nicht genug: Die Bühnenvorhänge fingen Feuer und gingen in Flammen auf. Vom Festsaal drangen Hilferufe durch die Rauchschwaden, Panik griff um sich. Alles rannte, rettete und flüchtete zu den Ausgängen.

Der Staatsanwalt beugte sich über Leokardia und nahm einen Kettenhandschuh ab, um ihren Puls zu fühlen. Aber da war schon die Humsera zur Stelle und schüttete der Freifrau ein Seidla Bier ins Gesicht. Sie erwachte, worauf Küps sie behände wie ein alter Dachs aus der Gefahrenzone trug. Brandeisen, durch seine Rüstung behindert, blieb zurück. Die Flammen schlugen höher und höher.

Irgendwie schaffte es der Kommissar ins Freie. Er stellte seine blaublütige Last auf die Füße, gemeinsam schnappten sie nach Luft, umgeben von vielen anderen konsternierten Ballgästen. Walburg gesellte sich zu den beiden. Sie war als Letzte der Feuersbrunst entronnen und sank erschöpft zu Boden.

»Alles klar?«, fragte Küps.

»Das war knapp«, keuchte Leokardia. »Aber wo ist der Staatsanwalt?«

»Noch da drin.« Walburg hustete sich die Seele aus dem Leib.

»Dann muss ich wieder rein.« Der Kommissar fasste sich ein Herz. Niemals würde er Brandeisen im Stich lassen.

Feuerzungen loderten aus den Fenstern, der Vorhang am Eingangsbereich wurde zu einer Fackel. Taghell war die Nacht gelichtet, mörderisch der Hitze Glut.

»Das überlebst du nie.« Walburg versuchte ihren Schwager zurückzuhalten. »Es ist zu spät, du kannst nichts mehr tun.«

Im Inneren des Gebäudes kam es zu einer Explosion, vermutlich flog ein Gastank in die Luft. Ein gewaltiger Feuerball wuchs brausend und prasselnd empor, gefolgt von einer Druckwelle. Sie schleuderte ein schwärzliches Etwas nach draußen.

Brandeisen erhob sich. Er blinzelte. Seine Augenbrauen und die Wimpern fehlten, doch er bewahrte Haltung.

Küps eilte hinzu. »Gott sei Dank, Sie haben's geschafft!«

»Nicht der Rede wert.« Der Staatsanwalt qualmte wie ein Räucherengel. Er trug nur noch lange Schiesser-Unterwäsche und Socken mit Strumpfhaltern. Zusammen mit dem Kommissar erstickte er ein paar Flämmchen an den versengten Stellen.

»Wo ist denn Ihre Rüstung geblieben?«, fragte Küps.

»Glücklicherweise konnte ich mich daraus befreien. Der Schmied hat überall Haken und Ösen angebracht.« Brandeisen verbeugte sich vor der Freifrau. »Wie ist die werte Gesundheit, Durchlauchtigste?«

»Mir geht's gut«, sagte Leokardia. »Aber der Rubin ist weg.«

»Ich fürchte, Sie sind ein Opfer des Salamanders geworden.«

»Wie meinen?«

»Der Salamander ist ein berüchtigter Dieb. Ein Meisterdieb, wenn man bereit ist, ihm diese zweifelhafte Ehre zuzugestehen. Dass er auch in Franken sein Unwesen treibt, war mir bis dato neu.«

»Sie sprechen in Rätseln«, wunderte sich Küps.

»Ihr Unverständnis, mein lieber Gerhard, rührt daher, dass Sie sich nicht so intensiv wie ich mit den Fahndungslisten für Erzkriminelle befassen. Ein Echsenkostüm, Raub unter Zuhilfenahme von Rauchgranaten, Feuer – eindeutig die Handschrift des Salamanders. Es war nur eine Frage der Zeit und der in Aussicht stehenden Beute, bis er Bamberg einen Besuch abstatten würde. Aber diesen Drachen werde ich zur Strecke bringen!«

»In Unterwäsche?« Küps konnte es nicht fassen, dass sich sein alter Freund schon wieder in die Verbrecherjagd stürzte.

Ein Taxi bremste mit quietschenden Reifen. Die Fensterscheibe fuhr herunter. »Braucht ihr ne Mitfahrgelegenheit?« Es war Hassan.

»Çok naziksiniz«, antwortete Brandeisen in perfektem Türkisch. »Sehr freundlich.«

»Ich hab gesehen, wie ein Kerl mit einem schwarzen Ferrari abgehauen ist. Hilft euch das?«

»Olağanüstü, der Salamander hat eine Schwäche für schnelle Autos. Aber warten Sie bitte noch zwei Sekunden.« Der Staatsanwalt musste sich unbedingt etwas Standesgemäßes zum Anziehen besorgen.

Alle Ballgäste schienen überlebt zu haben und mit kleineren Blessuren davongekommen zu sein. Brandeisen ging zu einem Poldi und beschlagnahmte dessen Bärenkostüm. Der Mann, ein städtischer Beamter, protestierte nur schwach. Er stieg aus seinem struppigen Fellanzug, der ihm ohnehin viel zu warm war. Nach diesem Inferno würde er sich ein paar Monate wegen Rauchvergiftung krankschreiben lassen. Vielleicht konnte er noch eine doppelseitige Lungenentzündung draufschlagen.

»Na dann, ich bin startklar!« Brandeisen stieg ins Taxi. Küps, Walburg und Leokardia taten es ihm gleich.

»Der Ferrari ist Richtung Markusplatz verschwunden«, sagte Hassan.

»Dann probieren wir es in der Innenstadt. In einem Promitreff.«

»Warum das?«, fragte Küps.

»Der Salamander prahlt gerne mit seinen Raubzügen. Nach einem Coup legt er das Kostüm ab und begießt seine schändliche Tat in aller Öffentlichkeit. Dadurch will er zeigen, dass ihm niemand etwas anhaben kann.«

»Ziemlich arrogant.«

»Auch das. Aber in erster Linie möchte er die örtlichen Gesetzeshüter, also uns, der Lächerlichkeit preisgeben.«

Hassan hatte verstanden und gab Gas. Promitreffs. Davon kannte er eine ganze Reihe ...

Als Erstes fuhren sie zum Restaurant *Messerschmitt* – doch keine Spur vom Salamander, das Lokal war dem Fürsten der Diebe vielleicht zu konservativ. Gleich in der Nähe lag das *Luitpold* – auch Fehlanzeige. Abstecher ins *Hoffmanns*, in die *Villa Geyerswörth* und ins *Eckerts* brachten ebenfalls nichts. Blieb noch das *Hofbräu*, in dem der Hansi seinen Kochlöffel schwang.

Während sie durch Bamberg kurvten, machte Hassan völlig unbeeindruckt von den Reizen Leokardias und Walburgs der Humsera den Hof. »Wart nicht, kleine Sultanine, lass uns brennen im Feuer der Liebe!«, sang er in den Worten von Gülsenizade Hayali und fuhr mit dem Dichter Kul Mustafa fort: »Und je mehr aus dem goldenen Becher du trinkst, je schöner wirst du!«

»Mach nur so weiter, Börschla«, erwiderte der Kommissar. »Dir wird das Lachen noch vergehen.«

»Flieh nicht, mein Reh, flieh nicht! Ich bin dein Sklave.«

»Wenn wir nicht mitten in einem Einsatz wären ...«

Am *Hofbräu* angekommen, fiel Brandeisen sofort ein schwarzer Ferrari auf, der im Parkverbot abgestellt war. »Na endlich! Da wiegt sich jemand wohl in Sicherheit.«

Er verließ das Taxi und betrat das Lokal in seiner Tarnung als Burgbär. Die anderen sollten im Wagen warten.

Das *Hofbräu* war im Stil eines Prager Kaffeehauses eingerichtet und atmete als einziges Bamberger Gasthaus den

Hauch des Alten Reiches, als der deutsche Kaiser noch auf dem Hradschin residierte und weder Bayern noch Preußen in der Domstadt das Sagen hatten. Doch am Rosenmontag waren die Räumlichkeiten mit Luftschlangen, Konfetti und Girlanden dekoriert. Brandeisen nahm neben dem Eingang Aufstellung, dort hatte er alles im Blick.

Am Bartresen ließ kein anderer als der Salamander die Korken knallen. Sein Kostüm hatte er inzwischen abgelegt, stattdessen trug er ein weißes Dinnerjackett mit schwarzer Fliege. Der Gentleman-Schurke sah unverschämt gut aus, ein bisschen wie der junge David Niven.

»Der reinste Spaziergang«, sagte der Salamander leichthin. »Und keine Zeugen, abgesehen von diesem eingerosteten Staatsanwalt.« Er strich über sein Menjoubärtchen und nahm einen Schluck Champagner. »Aber der ist kein Gegner für mich.«

Seine Zuhörerschaft war durchweg weiblich, angetan mit Verkleidungen, wie sie bei Kneipenbummeln zur Faschingszeit beliebt waren: eine sexy Krankenschwester, eine Politesse im Minirock sowie ein Schmusekätzchen, dessen Bekleidung eher aufgemalt als tatsächlich vorhanden war. Die drei hingen an den Lippen des Salamanders und waren schon gehörig angeschickert.

»So ein Job ist nur eine Frage der Exitstrategie. Ihr seid ziemlich unbedarft hier in Bamberg, keine Security, keine Kontrollen der Ballgäste. Ein bisschen Rauch, und alle nehmen Reißaus. Lebt ihr noch im Mittelalter?«

Dämliches Kichern. Zuprosten. Leichte Körperkontakte. Der Salamander prüfte wohl, wen er in seinem Ferrari mitnehmen sollte, um die Party im Hotel fortzusetzen. Wahrscheinlich alle drei, mutmaßte Brandeisen, der in seinem Bärenkostüm vor sich hin schwitzte.

Da stieß ein weiteres Faschingsluder zu der fröhlichen Schar und zog die Aufmerksamkeit des Bösewichts auf sich. Die junge Frau trug einen geblümten Umhang, auf ihrem Kopf thronte ein mächtiger Turban. Unter ihrer Gewandung schien sie nackt zu sein, was ihr aufs Anmutigste zu verhüllen gelang. Ein paar laszive Schleiertanzbewegungen, und der Salamander stand in ihrem Bann.

»Was führt denn Salomé in mein Serail?«, wollte er wissen und reichte ihr eine volle Champagnerschale.

Sie trank in einem Zug aus. »Das Prickeln.«

Rasch weihte er die neue Kandidatin in seine Untaten ein. Den drei anderen steckte er ein paar Briefchen Koks zu, worauf sie auf die Toilette verschwanden. Brandeisen indes wusste, wer Salomé in Wirklichkeit war: die unerschrockene – Walburg! Sie hatte ihr Narrenkostüm mithilfe von Hassan und Küps gegen diesen pseudoorientalischen Mummenschanz ausgewechselt.

»Und was hast du bei dem Ball mitgehen lassen?«, fragte die Schwägerin des Kommissars mit großen, verlangenden Augen.

Der Meisterdieb lächelte geheimnisvoll. »Komm näher, mein Täubchen, und wirf einen Blick darauf.« Er zog Walburg an sich und öffnete sein Jackett.

»Hammer!«, stieß sie hervor. »Ist der echt?«

»So echt wie die Silikonpolster der Politesse, aber von besserer Qualität. Der Kunigunden-Rubin hat fast dreihundert Karat.«

»Und wie viel ist er wert?«

»Mindestens sechzig Millionen, bei einer illegalen Auktion noch viel mehr.«

»Sag bloß!«

Seine Finger betasteten Walburgs wohlgeformten Nacken. »Doch das Schönste kommt noch: Die Frau, die ich um dieses schöne Stück erleichtert habe, denkt, ich sei in sie verliebt. Amüsant, nicht wahr? Ohne sie hätte ich gar nicht von diesem Baby erfahren.«

»Darf ich mal anfassen?«

»Nur zu.«

Walburg nahm den Edelstein ehrfurchtsvoll in die Hand. Sie gab bewundernde Laute von sich – und blinzelte Brandeisen kaum merklich zu. Gleichzeitig bot sie dem Salamander Einsichten in Gefilde, die in der klassischen türkischen Liebesdichtung als Tannenhain bezeichnet worden waren. »Du hast eine Geliebte?«, fragte sie.

»Die glaubt allen Ernstes, dass ich ihr dieses wundervolle Stück zurückgebe, heute Nacht, in ihrem Häuschen irgendwo auf den Lande. Dann will sie die Versicherungssumme kassieren und mich mit einem ›Honorar‹ abspeisen – mich, den Salamander! In was für einer Welt leben diese Aristokraten?«

»Du Schuft!« Leokardia hatte das *Hofbräu* betreten und den Rest der Unterhaltung mitbekommen, während ihr Lover von Walburg abgelenkt war. »Ich kratz dir die Augen aus!«

»Guten Abend, mein Schatz. Was für eine angenehme Überraschung ...«

»Ich weiß, was du vorhast. Du bist nicht nur ein Dieb, sondern auch ein Betrüger!«

Walburg zog einen Ausweis aus ihrem Turban. »Und ich bin eine Lloyd's-Agentin. Hiermit wäre hinreichend bewiesen –«

Woraufhin die Ereignisse sich überschlugen. Die Freifrau und der Salamander stürzten sich auf Walburg und versuchten ihr den Rubin zu entwinden. Brandeisen sprang hinzu, um Walburg zu helfen, die offenbar im Dienst einer Versicherung stand und gerade eine Champagnerflasche über den Schädel gezogen bekam. Die drei Koksnäschen kehrten von der Toilette zurück und schrien Zeter und Mordio. Großes Durcheinander, Kreischen, Quieken, grapschende Hände, ineinander verkeilte Leiber – eine gute Gelegenheit, sich abzusetzen ... Zugleich öffnete sich sie Tür, und mehrere Polizisten in Uniform stürmten herein. Sie trennten die Streithähne und filzten sie.

»Der Salamander ist durch den Hintereingang geflüchtet!«, rief Brandeisen. »Sie müssen ihn sofort verfolgen.«

»So, müssen wir?«, sagte ein Wachtmeister, der den Staatsanwalt nicht kannte. »Und was ist das hier?«

In den Falten des Bärenkostüms fand sich der Kunigunden-Rubin.

»Ich wurde bestohlen, ich, Freifrau Schwengelstiel von Schwürbitz!«, rief Leokardia mit der gebieterischen Stimme einer Feudalherrin. »Verhaften Sie den Mann!«

Fränkische Büttel neigten seit jeher dazu, vor dem Adelsstand zu kuschen. Brandeisen wurde ohne Umschweife in einen Polizeibus verfrachtet. Walburg konnte nicht widersprechen, sie war bewusstlos. Und Küps kam erst ins *Hofbräu*, als schon alles vorbei war. Er hatte die Kollegen vorsorglich verständigt, aber zunächst eine Partie Backgammon gegen Hassan beendet in der Annahme, er werde bei dieser Scharade nicht gebraucht. Außerdem hatte er Walburg sein Humsera-Gewand geliehen und trug nur noch Feinrippware. In diesem Aufzug wollte er nur unter Leute gehen, wenn es sich nicht vermeiden ließ.

»Ihr habt den Falschen erwischt«, schrie Küps dem

Wachtmeister ins Gesicht, der damit beschäftigt war, die Personalien der restlichen Gäste aufzunehmen. Er suchte nach Leokardia, doch sie hatte sich wie der Salamander auf Französisch verabschiedet. Walburg kam zu sich und wurde mit einer schweren Gehirnerschütterung ins Klinikum gebracht. Küps konnte nur zusehen und seine Schwägerin bedauern. Er fragte sich, was wohl in seiner Abwesenheit geschehen war.

Der Wachtmeister übergab ihm das Corpus Delicti. »Wir haben den Klunker, Herr Kommissar. Was wollen Sie mehr?« Dann prustete er los und wies auf den Feinripp. »Verkühlen Sie sich bloß net.«

Küps winkte ab. Er betrachtete den Kunigunden-Rubin. Das Ding sah wirklich imponierend aus. Vielleicht sollte er es seiner Frau mitbringen, damit sie sich für ein paar Stunden wie Farah Diba fühlen konnte. Morgen früh würde er eine Pressekonferenz geben und die Sicherstellung des Juwels verkünden. Alles andere würde sich schon irgendwie aufklären. Um diesen Salamander konnten sich die Kollegen vom BKA kümmern. Und eine Nacht in der Arrestzelle tat Brandeisen mal ganz gut.

Er trat ins Freie. Der Ferrari war weg.

»Soll ich dich nach Hause bringen, kleine Sultanine?« Hassan hielt ihm die Tür auf.

»Du hast beim Backgammon geschummelt!«

»Würde mir nie einfallen. Willst du Revanche?«

»Um Geld?« In dem Kommissar, einem passionierten Schafkopfer, regte sich der Spieltrieb.

»Klar.«

Küps stieg ein und setzte sich so hin, dass er gut an die Mittelkonsole rankam. Er öffnete den Backgammon-Koffer und baute die Steine auf.

Hassan nahm hinter dem Steuer Platz. »Wir könnten ja um Kleidungsstücke spielen. Wie beim Strip-Poker.«

Hörten diese Possen denn nie auf? Küps drehte die Augen zur Wagendecke. »Ich muss dir ein Geständnis machen. Ich bin verheiratet.«

Hassan grinste über beide Ohren. »Nobody is perfect.«

Dirk Kruse
Die schöne Unbekannte

How deep is the ocean?, How high is the sky? Frank Beaufort ließ die letzten Töne des Irving-Berlin-Songs der ungelösten Fragen verklingen und schloss sanft den Deckel seines Steinways. Genug gespielt für heute. Er streckte sich, erhob sich vom Klavierhocker und trat an das Panoramafenster seines Penthauses. Kaiserburg und Sebalduskirche leuchteten im grellen Nachmittagslicht. Viel zu schade, um diesen milden Spätsommertag in seiner Bibliothek zu verbringen. Außerdem verspürte er Appetit. Wenn er durch die Altstadt spazierte, könnte er vielleicht irgendwo in einem Straßencafé einen Sonnenplatz ergattern und vorher noch beim Schneider am Hauptmarkt seine beiden Hemden abholen. Beaufort schlüpfte ins Jackett und in ein Paar Loafer, zog die Schublade mit den Süßigkeiten auf und schob sich eine Praline in den Mund. Auch sein schwindender Vorrat an Schokolade musste dringend wieder aufgefüllt werden.

Unten im Erdgeschoss klingelte er bei seiner Haushälterin. Rita Seidl öffnete mit einer Bluse in der Hand, an die sie gerade Strasssteinchen nähte. Aus ihrer Wohnung drang laute Musik – eine schwer bekömmliche Mischung aus Richard Clayderman und Rondò Veneziano.

»Ich gehe in die Innenstadt. Brauchen Sie noch etwas?«, fragte Beaufort galant.

»Sie könnten mir meine Augensalbe aus der Apotheke mitbringen«, sagte Frau Seidl erfreut. »Ich komme nicht dazu, sie abzuholen. Ich muss mir noch die Haare aufdrehen.«

»Haben Sie heute noch etwas vor? Ein kleines Rendezvous vielleicht?«, neckte er sie.

»Ich gehe heute Abend ins Konzert, zu Madame Chauchat.«

»Madame Chauchat?«

»Na, diese wunderbare Klavierspielerin, die Sie da gerade hören. Sie sieht aus wie ein blonder Engel und stürmt gerade alle Hitparaden. Wenn Sie mögen, können Sie heute Abend mitkommen in die Meistersingerhalle. Ich habe noch eine Karte übrig fürs Konzert. Meine Freundin Traudl ist krank geworden«, sagte sie treuherzig.

»Oh, danke fürs Angebot«, hüstelte Beaufort, »aber ich habe schon etwas mit Ekki ausgemacht. Leider.« Er lächelte, nahm das Rezept und verabschiedete sich eilig. Das war gerade noch mal gut gegangen.

Mit federnden Schritten flanierte Beaufort über den frisch renovierten Kettensteg, deckte sich in der Konditorei bei der IHK mit viel zu viel Konfekt ein, erwarb zu den Hemden auch noch die dazu passenden Krawatten, stärkte sich am Bratwurstrestaurant beim Alten Rathaus mit Drei im Weckla, weil er dem Duft nicht widerstehen konnte, und betrat schließlich seine Stammapotheke in der Königstraße.

Während eine Mitarbeiterin Frau Seidls Salbe anmischte, wurde er Zeuge einer sonderbaren Szene. Eine aufgewühlte Frau verlangte dringend nach einem Beruhigungsmittel. Dass ihr der Apotheker ohne Rezept kein Valium geben wollte, schien sie in eine mittlere Verzweiflung zu stoßen, und sie lamentierte laut herum. Wie eine

Drogensüchtige vom Hauptbahnhof sah die Frau nicht gerade aus. Im Gegenteil. Sie wirkte äußerst gepflegt und trug ein schickes Kostüm, das ihre schlanke Figur bestens zur Geltung brachte. Mit ihrer dunklen Mähne und den vollen Lippen war sie genau der Typ Frau, auf den Beaufort flog. Leider hatte sie ihre Augen hinter einer dunklen Sonnenbrille versteckt. Er bewunderte ihre schönen Hände, mit denen sie ausdrucksvoll gestikulierte, während sie mit dem Apotheker diskutierte. Der Auftritt endete damit, dass die Fremde Baldrian kaufte, eine größere Dosis Tropfen in einem Glas Wasser hinunterstürzte und kaum ruhiger die Apotheke verließ. Der Pharmazeut zuckte entschuldigend mit den Achseln und reichte Beaufort die Salbe. Der zahlte und ging seltsam berührt hinaus.

Ganz automatisch, als bestünde zwischen ihnen ein unsichtbares Band, folgte er der schönen Unbekannten. Er beobachtete, wie sie immer wieder ungeduldig auf die Uhr schaute und ziellos durch die Straßen irrte. Vor einem Schaufenster mit Korbwaren brach sie sogar in heftige Tränen aus und murmelte immer wieder einen Namen, den Beaufort aus der Entfernung aber nicht verstand. Beinahe wäre er zu ihr gegangen und hätte ihr ritterlich sein Taschentuch gereicht, doch dann setzte sie sich wieder in Bewegung, und Beaufort spürte, dass er durch Beobachtung eher herausbringen würde, was die Frau bedrückte, als wenn er sie anspräche. Er dachte an den Kulturphilosophen Walter Benjamin, der geschrieben hatte, dass der Flaneur einem Detektiv gleiche, der hinter der Maske des gelassenen Spaziergängers seine angespannte Aufmerksamkeit verberge.

Als sie bereits zum dritten Mal an der Lorenzkirche vorbeigekommen waren, steuerte die Frau plötzlich auf das Haushaltswarengeschäft am Lorenzer Platz zu. In dem verschachtelten Gebäude verlor er sie kurz aus den Augen, doch fand er sie in der Messerabteilung wieder. Während Beaufort vorgab, sich brennend für Fonduesets und Raclettegrills zu interessieren, sah er zu, wie die Unbekannte nacheinander mehrere große Küchenmesser mit langen, scharfen Schneiden in die Hand nahm. Er erschrak, als sie damit einige Stiche und Stöße in die Luft tat. Schließlich entschied sie sich für ein etwa dreißig Zentimeter langes Tranchiermesser mit einer spitz zulaufenden Klinge. Draußen vor dem Geschäft wickelte sie es aus der Verpackung, warf das Papier in einen Mülleimer und steckte das Messer hastig in ihre Handtasche. Es passte gerade eben hinein. Wieder blickte sie auf ihre Armbanduhr.

So langsam wurde Beaufort bei der ganzen Angelegenheit doch etwas mulmig. Was, wenn die Verzweifelte sich oder jemand anderem damit etwas antun würde? Und während er noch überlegte, ob er die Polizei verständigen sollte – doch was hätte er denen schon groß zu sagen, außer dass eine heulende Frau mit einem Dolch in der Handtasche durch die Stadt zog –, marschierte sie zielstrebig gegenüber in die Sparkasse. Eine Welle von Adrenalin durchflutete seine Adern. Sie wollte doch nicht etwa die Bank ausrauben? Eilig überquerte er den Platz und betrat durch sich automatisch öffnende Türen die Schalterhalle. Die Fremde hatte sich in die kleine Schlange vor dem Kassenschalter eingereiht, der durch dickes Glas geschützt war. Beaufort entschloss sich abzuwarten und schnappte sich einige Überweisungsformulare, die er an einem der Tische ausfüllte. Er hatte sich so postiert, dass er das Geschehen gut im Blick hatte, aber der Frau gegebenenfalls in den Weg treten konnte, wenn sie mit ihrer Beute flüchtete. Jetzt war sie an der Reihe. Sie sagte etwas, und schon zählte ihr der Kassierer eine stattliche Anzahl gelber und lila Scheine vor. Beaufort schluckte vor Aufregung. Er war auf der richtigen Fährte! Oder war das doch kein Überfall? Der Bankangestellte war ausgesprochen freundlich zu der Frau. Jetzt reichte sie ihm sogar ihren Personalausweis. Und sie quittierte etwas auf einem Formular, ehe er ihr das dicke Bündel Geldscheine hinüberschob. Sie verstaute es vorsichtig in der Handtasche, nickte dem Kassierer zu und strebte dem Ausgang entgegen. Hatte die schöne Unbekannte, die immer noch ihre Sonnenbrille auf der Nase trug, doch einfach nur Geld abgehoben? Aber warum so viel? Das mussten etliche Tausend Euro sein, die sie jetzt bei sich trug. Was wollte sie damit? Hatte sie sich das Messer doch nicht gekauft, um jemanden anzugreifen, sondern um sich gegen Diebe zu verteidigen?

Natürlich folgte Beaufort der rätselhaften Frau erneut, doch sie kamen nicht weit. Draußen ließ sie sich auf der erstbesten Bank nieder, schaute sich suchend um und blickte wieder und wieder auf ihre Armbanduhr. Sie saß dort angespannt etwa zehn Minuten lang, bis die Glocken von St. Lorenz zur Kurzandacht läuteten. Da erhob sie sich mit einem Ruck, der gleichzeitig etwas Banges und Entschlossenes hatte, und ging in die Kirche hinein.

Im Gotteshaus war das Licht schummrig, und Beaufort machte sich zwischen den Gläubigen und Touristen auf die Suche nach der Frau. Für die Kunstschätze, den *Englischen Gruß* von Veit Stoß etwa, hatte er heute keinen Blick übrig. Er ging Ausschau haltend den linken Seitengang des Hauptschiffes entlang, als er sie rechts im gegenüberliegenden Seitengang entdeckte. Die Dunkelhaarige stand mit dem Rücken zu ihm vor einer großen Stellwand, die dort in Höhe der Sakristei aufgebaut und mit zahlreichen Zetteln übersät war, auf die Kirchenbesucher ihre Bitten, Dankesworte und Gebete geschrieben hatten. Klagemauer nannte Beaufort diese Einwegkommunikationswand mit Gott im Stillen. Doch anstatt selbst ein Papier zu beschreiben und es an die Wand zu pinnen, stellte sich die Frau auf die Zehenspitzen, streckte ihren Arm aus, bis sie den Zettel in der oberen rechten Ecke erreichte, und nahm ihn ab. Leicht zitternd faltete sie das Blatt auseinander und las es. Beaufort bemerkte aus der Entfernung, wie die Schultern der Frau zu zucken begannen. Es sah aus, als bräche sie erneut in Tränen aus. Erschöpft ließ sie schließlich die Arme sinken. Der Zettel entglitt ihrer Hand und segelte zu Boden.

Da setzte mit gewaltigem Brausen die Orgel ein und weckte sie aus ihrer traurigen Trance. Jäh machte sie auf dem Absatz kehrt und stöckelte mit schnellen Schritten zum Ausgang. Beaufort stand ziemlich weit weg. Wenn er ihr nicht sofort nachsetzte, lief er Gefahr, sie aus den Augen zu verlieren. Aber er wollte unbedingt wissen, welche Nachricht sie dort drüben gelesen hatte. Er zog sich den Unmut einiger Kirchgänger zu, als er sich eilig durch ihre Sitzreihe drängte. Ein Stuhl, an dem er hängen blieb, fiel krachend zu Boden. Auf der anderen Seite fand er nach einigem Suchen endlich das Papier am Boden, stopfte es in seine Jacketttasche und schob sich ungeduldig durch den Gegenverkehr einer Reisegruppe zum Portal.

Draußen blendete ihn die schräg stehende Sonne. Fieberhaft lief er kreuz und quer über den belebten Platz, doch von der schönen Unbekannten war nichts mehr zu sehen. Sie war im Gewimmel der Einkaufsstraßen verschwunden. Missmutig ließ Beaufort sich auf den Stufen des Tugendbrunnens nieder. Noch hatte er ja den Zettel. Vielleicht half der ihm weiter. Er strich das Papier auf seinem Oberschenkel glatt. In Druckbuchstaben stand dort geschrieben: »Wenn Sie den Kleinen lebend wiedersehen wollen, deponieren Sie das Geld heute Abend in der Garderobe.«

Beaufort war schockiert. Eine Welle des Mitleids überflutete ihn. Die arme Frau war Opfer eines Verbrechens geworden. Jemand hatte ihr Kind entführt! Und das Geld, das sie abgehoben hatte, war Lösegeld. Kein Wunder, dass sie so verzweifelt war. Baldrian war da sicher nicht das geeignete Mittel, um ihre Sorgen zu lindern. Bestimmt hatten die Entführer sie für Punkt fünf Uhr in die Kirche bestellt, um ihr dort diese Instruktion zukommen zu lassen. Ausgerechnet jetzt hatte er sie aus den Augen verlieren müssen, haderte Beaufort mit sich. Er musste die Polizei verständigen. Oder besser noch seinen besten Freund Ekki, den Justizpressesprecher. Doch wusste er nichts über diese Frau, weder ihren Namen noch ihren Aufenthaltsort. Niedergeschlagen erhob sich Beaufort und ging langsam die Karolinenstraße entlang. Im Gehen konnte er besser nachdenken. In was für einer Garderobe sollte die Bemitleidenswerte das Lösegeld nur hinterlegen? Vielleicht in einem Restaurant oder in einem Theater? Welch schreckliche Angst diese Mutter um ihr Kind haben musste. Aber wie sollte er sie nur wieder aufspüren? Während er grübelte, fiel sein Blick auf ein Plakat an einer Litfaßsäule. Eine schöne Frau mit schulterlangem, blond gelocktem Haar war dort an einem weißen Flügel abgebildet. »Melodien zum Träumen«, verhieß eine verschnörkelte, rosafarbene Schrift. Es war eine Ankündigung für das Konzert von Madame Chauchat heute Abend in der Meistersingerhalle. Und obwohl Beaufort das erste Mal ein Bild der Pianistin sah, erkannte er den vollen Mund und die ausdrucksstarken Hände sofort.

»Ich kann Ihnen gar nicht sagen, wie sehr es mich freut, dass Sie mitgekommen sind.« Rita Seidl strahlte. In ihrer fliederfarbenen Bluse mit den Glitzersteinchen, dem langen, schwarzen Rock und der Pelzstola wirkte sie etwas overdressed unter den Konzertbesuchern in Freizeitfummeln.

»Wer hätte gedacht, dass Ekki ausgerechnet heute Abend arbeiten muss. Er ist mit einer Kindesentführung beschäftigt.« Beaufort reichte seiner Haushälterin, die mindestens zwei Köpfe kleiner war als er, den Arm und führte sie aus dem Saal hinaus ins Foyer.

»Wie schrecklich!«

»Davon sollten wir uns die Laune aber nicht verderben lassen. Die Sache wird bestimmt gut ausgehen. Darf ich Sie zu einem Gläschen Sekt einladen?«

Während Frau Seidl an einem Bistrotisch das Programm studierte, stellte Beaufort sich an einer der Bars an. Das Pausenfoyer wimmelte nur so von Besuchern, das Konzert war ausverkauft. Aber Beaufort interessierte sich nicht für das Getümmel um ihn herum, sondern spähte aufmerksam durch die Glasfront nach draußen. Dort parkten im Licht des Bühneneingangs drei Polizeiwagen. Er beobachtete, wie mehrere schwer bewaffnete Uniformierte in ihren Mannschaftsbus zurückkehrten.

Wenig später führten zwei Zivilbeamte einen in Handschellen gefesselten Mann ab. Ziemlich munter kehrte Beaufort mit zwei Sektgläsern zu Frau Seidl zurück.

»Hoffentlich gefällt Ihnen das Konzert auch?«, fragte die Haushälterin leicht besorgt, nachdem sie miteinander angestoßen hatten.

»Doch, doch, es ist sehr *interessant*«, versicherte Beaufort.

»Es sind ja auch so wunderschöne Melodien, gell. Beim *Taigawalzer* und dem *Sehnsuchtspotpourri* sind mir richtige Schauer über den Rücken gelaufen«, schwärmte sie. »Aber Sie als Klavierspieler können das doch besser beurteilen. Kann es sein, dass Madame Chauchat sich ein paar Mal verspielt hat?«

»Ja, so ganz bei der Sache war sie tatsächlich nicht, obwohl sie wirklich eine recht achtbare Pianistin ist. Aber ich bin mir sicher, dass Madame Chauchat nach dieser Pause wie verwandelt aufspielen wird«, prophezeite er.

Als Frau Seidl sich auf den Weg zum Nasepudern machte, nutzte Beaufort die Gelegenheit, um hinaus zum Bühneneingang zu gehen. Dort stand Justizsprecher Eckehard Ertl im Gespräch mit zwei Polizeibeamten. Alle drei lachten laut und schallend. Als sein Freund ihn bemerkte, kam der breit lächelnd auf ihn zu.

»Na, ihr seid ja in Hochstimmung. Habt ihr den Kerl geschnappt?«, fragte Beaufort.

»In flagranti erwischt. Die Männer vom Spezialeinsatzkommando haben während des Konzerts zugegriffen, als er sich das Lösegeld aus der Garderobe holte«, antwortete Ekki. »Er ist ein alter Bekannter, hat mehrere Vorstrafen wegen ähnlicher Delikte.«

»Und das Kind? Wie geht es dem?«

»Das Entführungsopfer befindet sich wohlbehalten in den Armen von Madame Chauchat«, grinste Ekki. »Da hast du jemanden echt glücklich gemacht. Deine schöne Unbekannte heute Nachmittag in der Stadt war tatsächlich sie. Weil sie so prominent ist, zeigt sie sich in der Öffentlichkeit meist nur mit Perücke und Sonnenbrille, um nicht erkannt zu werden.«

»Dann war alles genau so, wie ich es kombiniert habe«, sagte Beaufort stolz.

»Mit Ausnahme einer winzigen Kleinigkeit«, feixte Ekki.

»Und die wäre?« Beaufort schaute skeptisch in das Gesicht seines Freundes. »Könntest du bitte mal mit diesem dämlichen Gegrinse aufhören.«

»Das Kind ist ein Hund«, prustete der Justizsprecher los. »Ein süßer kleiner Yorkshireterrier mit Zöpfchen und hellblauer Schleife.« Ekki konnte sich gar nicht mehr einkriegen vor Lachen.

Beaufort war perplex. »Oh je, da war der SEK-Einsatz wohl etwas überdimensioniert«, sagte er kleinlaut.

»Verzeih mir das Wortspiel, aber du siehst gerade ganz schön auf den Hund gekommen aus.« Ekki amüsierte sich prächtig.

»Aber trotzdem waren meine Recherchen nicht für die Katz«, konterte Beaufort, »ich hab mich nicht zum Affen gemacht.«

»Na, da hast du ja noch mal Schwein gehabt.«

Und dann gackerten sie beide wie die Hühner.

Hans Kurz
Ein fast perfekter Plan

Tscharlie Senger fuhr über seinen Acker. Oft würde er das nicht mehr tun. Trotzdem war er bester Laune. Schließlich hatte er gerade das Geschäft seines Lebens gemacht. Per Handschlag, wie es sich für einen Jurabauern gehörte. Morgen war der Notartermin. Mochten doch die andern ihren Boden verpachten und darauf Windräder aufstellen lassen. Sein Acker, der Steinacker, war eh nicht dafür geeignet. Löchrig wie ein Schweizer Käse, hatten ihm die Geologen von der Universität bescheinigt. Die von der Frawobau hatten nicht gefragt. Die wollten nur den alten, verwaschenen Plan sehen, den er von seinem Vater geerbt hatte. Tscharlie Senger gab Gas. Er lachte laut auf. So laut, dass er für einen Moment sogar den Traktor übertönte. Noch ging es ein paar Meter nach oben bis zu der Höhe, von der aus er einen vielleicht letzten Blick auf sein Land und das seiner Väter und Vorväter werfen wollte. Die Hinterräder seines Traktors gruben sich durch den trockenen Boden. Und dann drehten sie auf einmal durch, als hingen sie in der Luft.

Der Kou ging mit seinem Gewehr in Deckung. Nach hinten schirmte ihn eine Schlehenhecke von der nahen Staatsstraße ab. Vor ihm türmte sich einer jener Haufen auf, die entstanden, wenn die Landwirte versuchten, die Steine von ihren Feldern zu räumen. Stunden vergingen, bis er hörte, was er hören wollte. Der Kou legte das Jagdgewehr auf den Steinhaufen und sich dahinter. Er zuckte nicht mal mit der Wimper, als zwei Hasen aufsprangen und ihm direkt vors Visier liefen. Auf die hatte er es nicht abgesehen. Er hatte ja auch nicht die Schrotflinte dabei, sondern das dicke Kaliber für die Wildsauen. Und da kam er auch schon. Ein Trecker tauchte auf der Kuppe auf. Das war ganz eindeutig der Senger. Der Kou legte an und drückte ab – in dem Moment, als eine dichte Staubwolke alles verhüllte. Es war so eine Angewohnheit von ihm, aber wie jedes Mal, wenn er schoss, schloss er die Augen. Mit toten Tieren hatte er kein Problem, aber er wollte sie einfach nicht sterben sehen. Auf einen Menschen hatte er noch nie geschossen.

Als er die Augen wieder öffnete, war da immer noch eine Staubwolke. Weniger dicht, doch eines war klar zu erkennen: Der Trecker war weg, einfach verschwunden, obwohl der Motor nach dem kurzen Aufheulen vorhin immer noch zu hören war. Er lief immer noch, schien aber nun deutlich weiter entfernt zu sein. Doch konnte der einfach auf und davon sein? Kaum. Augen zu, abdrücken, aufheulen, Knall, Augen wieder auf – das alles hatte eine, höchstens zwei Sekunden gedauert. Der Kou schüttelte ungläubig den Kopf. Er musste getroffen haben, schließlich war er ein verdammt guter Schütze. Nachzuschauen, was genau geschehen war, wagte er nicht. Noch immer war das Motorengeräusch zu hören. Es entfernte sich nicht weiter. Wahrscheinlich hatte der Senger noch das Lenkrad rumgerissen und war hinter dem Hügel umgekippt. Der Kou wollte sein Land wieder. Und dafür musste zunächst der Senger sterben, das gehörte zu seinem Plan. »Sau tot«, murmelte der Kou zur Selbstbestätigung vor sich hin und machte sich vom Acker. Näheres würde er sicher morgen im *Fränkischen*

Tag nachlesen können. Im Idealfall als Kurzmeldung in der Rubrik Polizeibericht mit der Überschrift »Tödlicher Unfall in Steinfeld«.

In der Lokalredaktion des *FT* in Bamberg klingelte das Telefon. Anette Schreiber kannte die Telefonnummer, die auf dem Display erschien, nur zu gut. »Ronald, was gibt's, wo brennt's?«

»Nix brennt«, gab der Fotograf Auskunft, der den Geräuschen in der Leitung nach gerade im Auto unterwegs war. Letzteres verhieß trotz der Ansage nichts Gutes. »Unfall auf dem Jura, Fahrer unterm Traktor eingeklemmt.«

Die Schreibera verdrehte die Augen. Ihre Kollegin am Platz gegenüber wusste sofort Bescheid. Die Schreibera mochte keine Toten. Es waren ein paar zu viel gewesen in den letzten beiden Jahren. Sie schrieb lieber über Lebende. Das waren für sie die interessanteren Geschichten. Als Redakteurin wusste sie aber auch, dass die meisten Leser Leichen liebten. »Dann muss es wohl sein«, stöhnte sie, strich sich mit der linken Hand durchs kurze, blonde Haar und stand auf. Zumal ihre Kollegin sich auch nicht um den Job riss. Und der Kollege, der bisher für den Jura zuständig war, hatte sich kürzlich in den Vorruhestand verabschiedet. »Und wo genau, Ronald?«, fragte sie noch.

Eine Minute später saß sie im Dienstwagen. Der klapprige alte VW aus mexikanischer Billigproduktion hatte noch einen überraschend guten Durchzug am Berg, auch wenn er – wie von der Sekretärin neulich ausgerechnet – inzwischen weniger Restwert hatte als die Leichtmetallfelgen vom Dienstwagen des Chefs.

Südlich von Steinfeld war es also passiert. Die Stelle sei wohl kaum zu übersehen, hatte der Fotograf gemeint. Es müsse ziemlich viel Feuerwehr und auch das THW vor Ort sein. Und das könne auch noch dauern, bis sie den Trecker aus dem Loch gezogen hätten. »Loch?«, hatte die Schreibera noch gefragt, aber der Fotograf hatte nur »Wirst schon sehen.« geantwortet.

Dass es in Steinfeld war, bot immerhin einen Vorteil. Anette Schreiber hatte ohnehin heute bei der Gemeinde anrufen wollen. Am Abend war Gemeinderat. »Bebauungsplan Südäcker«, stand auf der Tagesordnung. Davon hatte sie noch nie etwas gehört und wollte nachfragen, ob sich dahinter was Größeres verberge – denn vielleicht konnte sie sich die Sitzung sogar sparen, wenn es nur um eine Feldscheune ging.

Der Unfallort war wirklich leicht zu finden. Jede Menge Feuerwehr und die blauen Wagen des Technischen Hilfswerks standen herum. Dazu ein Polizeibus und ein einsamer Rettungswagen mit eingeschaltetem Blaulicht. Inzwischen hatten sie sogar einen Spezialkran herangefahren. Das Loch, von dem Ronald gesprochen hatte, musste wohl etwas tiefer sein. Denn von einem Traktor war nirgendwo was zu sehen. Anette Schreiber stellte den Wagen ab, schnappte sich ihre Wanderstiefel aus dem Kofferraum und machte sich auf den Weg über den steinigen Acker.

Auf halber Strecke kam ihr der Bürgermeister entgegen. Sie kannte ihn bisher nur aus dem Kreistag. Dort war er eher einer der Stillen. Doch nun wirkte er ziemlich aufgedreht.

»Der Senger Tscharlie ... Da ist plötzlich ein Riesenloch aufgegangen ... und weg war er. Nicht ganz weg, aber fünf Meter tiefer. Das hat gereicht. Der Traktor liegt auf ihm drauf.«

»Immer noch?« Der Schreibera schwante Schlimmes. Sie hatte echt keine Lust auf Leichen.

»Das hat gedauert, bis der Kran da war. Die Feuerwehr ist zwar runter, aber da war nichts zu bewegen. Und dann ist Erde nachgerutscht, da mussten sie wieder rauf. ›Erdsturz‹ sagen die Geologen dazu, Sie wissen schon, Frau Schreiber, die Dolinen im Karstboden. Das gibt's bei uns ja öfter. Aber so was hab ich noch nicht gesehen. Und passiert ist auch nie was, zumindest die zwanzig Jahre, die ich jetzt Bürgermeister bin ... Und ausgerechnet jetzt, wo ...«

»Ausgerechnet was?«

»Ich muss weiter, Frau Schreiber. Termin im Landratsamt. Sie können mich heut Nachmittag im Rathaus anrufen. Aber wahrscheinlich brauchen Sie mich ja gar nicht.«

Das »ausgerechnet jetzt, wo ...« hätte die Schreibera sehr interessiert. Und nach der Gemeinderatssitzung hatte sie eigentlich auch noch fragen wollen. Aber der Bürgermeister war schon weg. Sie ging weiter. Es waren vielleicht noch fünfzig Meter. Jetzt verschwanden zwei Rettungssanitäter, ein Notarzt und mehrere Feuerwehrleute – alle an Seilen gesichert – im Boden. Ein Feuerwehrmann kam kurz darauf mit dem Fotografen im Schlepp wieder nach oben. Ronald hatte sich mal wieder nicht abschütteln lassen. Als alten Kameraden ließen ihn die Feuerwehrler meist gewähren. Schließlich verstand er es auch, sie in seinen Bildern großartig in Szene zu setzen. Die Journalistin stoppte erneut. Nun sah sie auch den Leichenwagen, der neben dem Rettungswagen parkte. Ein Zinksarg wurde ausgeladen, ein Leichensack in die Grube hinuntergereicht.

Die Schreibera wartete noch, bis alles erledigt war. Erst dann trat sie an das Loch. Es war mehr ein Krater. Dort, wo der Trecker lag, ging es zwar fast senkrecht ziemlich tief hinab, aber von der anderen Seite war offenbar die Erde an den Rändern aufgebrochen und nachgerutscht. Über diese steile, steinige Rampe wurden gerade ein paar THWler abgeseilt, die noch mehr Drahtseile am Traktor anbrachten. Ständig rutschte Geröll nach. Es war eine ziemlich staubige Angelegenheit an diesem trockenen, heißen Herbsttag.

»Ronald, ich hab eigentlich was Besseres zu tun, als ständig dich und deine Katastrophen zu verarzten«, sagte sie zum Fotografen, der darauf wartete, dass der Kran nun den Traktor rauszog. Die beiden beobachteten den weiteren Verlauf der Aktion. »Ganz schön riskant, was die da machen, wo doch schon einer im Loch verschwunden ist«, meinte die Schreibera.

»Das musst du schon verstehen: Wenn die mal das teure Gerät einsetzen können, dann tun die das auch. Auf Teufel komm raus. Außerdem gibt's gute Bilder«, entgegnete Ronald und drehte mit der Kamera seine Runde um das Loch. Die Redakteurin befragte währenddessen den örtlichen Einsatzleiter und verschiedene Rettungskräfte. Für eine spektakuläre Story reichte das, was sie sah und hörte, allemal aus.

Auf einmal gab es einen heftigen Ruck. Der Spezialkran, der den Trecker gerade bis zum Rand des Erdlochs hochgezogen hatte, sackte ein Stück in den Boden ein. Die Aufregung war groß. Schließlich einigte man sich darauf, die Bergung abzubrechen und den Boden erst mal von den Geologen untersuchen zu lassen, die ohnehin zurzeit in der Gegend waren und genau nach solchen Löchern für ein Dolinen-Forschungsprojekt Ausschau hielten.

»Dann können wir jetzt ja wohl auch zurück in die Redaktion«, stellte die Schreibera fest.

»Wart noch ein wenig«, meinte Ronald.

Der Kran ließ den Traktor langsam zurück ins Erdloch sinken. Zwanzig Minuten später hatten sich sämtliche Einsatzkräfte vom Acker gemacht.

»Und nun?«, wollte die Redakteurin wissen.

Der Fotograf legte seine Kameraausrüstung sorgsam auf dem Boden ab und kletterte rückwärts auf allen vieren in das Loch runter. Die Schreibera seufzte und stieg ihm nach kurzem Zögern nach. Der Rand bröckelte weiter ab, der Boden unter ihren Füßen gab nach. Sie landete auf dem Hintern und rutschte auf diesem an dem irgendwo zwischen besorgt und belustigt dreinschauenden Fotografen vorbei.

»Ronald, du Depp. Grins nicht so. Wie kommen wir hier wieder raus?«, schnauzte sie ihn an, als er neben ihr stand und ihr die Hand reichte, um sie vom Boden hochzuziehen.

»Schau her«, sagte er und deutete auf einen der großen Hinterreifen.

Die Schreibera sah nichts, schaute noch mal genauer hin. Da war ein kleines Loch, in dem etwas steckte – vermutlich ein Nagel.

»Einen Nagel kriegst nicht so leicht seitlich in den Reifen rein«, meinte Ronald. »Jede Wette: Das ist eine Gewehrkugel.«

»Hast das auch der Polizei gezeigt?«

»Klar. Die haben nur gelacht: ›Davon ist der nicht im Boden verschwunden. Und solang da keine Kugel in der Leiche steckt, interessiert uns das auch nicht. Hier wird viel gejagt.‹ Das war alles.«

»Ist ja auch was dran«, sagte die Schreibera.

Der Fotograf sagte nichts. Er holte ein Klappmesser raus, eines von der stabilen Sorte, und schnitt damit in den Reifen. Er förderte tatsächlich ein Projektil zutage. »Da! Neun Millimeter, würd ich sagen.« Er drückte es der Redakteurin in die Hand.

Die steckte es in ihre Hosentasche und beugte sich zu Boden. Unter dem Fahrersitz des Treckers hatte sie noch etwas entdeckt. Ein Stück Papier. Ein recht großes Stück Papier. Es riss ein, als sie es unter dem Sitz hervorzog. Aber schließlich schaffte sie es, das ganze Stück zu bergen. Irgendein Plan.

»Schatzkarte?«, erkundigte sich der Fotograf, der ein bisschen beleidigt war, dass die Redakteurin so gar nicht weiter auf seine Entdeckung einging.

»So was Ähnliches«, meinte die Schreibera und besah sich die offenbar schon ältere und recht ramponierte Urkunde genauer. »Bebauungsplan. Wohngebiet.« Das kannte sie zur Genüge aus unzähligen Gemeinderatssitzungen. Der hier stammte offenbar aus einer Zeit, als Ingenieure und Architekten noch nicht am Computer zeichneten. Anette Schreiber faltete ihn zusammen. »Jetzt aber schnell zurück ... Und, Ronald ...« Sie fischte das Projektil aus der Tasche. »Das ist schon ein Ding. Ich bleib dran. Versprochen.«

Schnell war aber erst mal nicht. Sie brauchten gut zehn Minuten, bis sie sich durch das immer weiter nachrutschende Geröll nach oben gekämpft hatten.

In der Redaktion wurde sie sehnlichst erwartet. Es war nun doch bereits fortgeschrittener Nachmittag, und außer der ersten Schnellmeldung stand seit Stunden nichts Neues im Internet. Die Onliner waren schon ungeduldig geworden. Also hackte die Schreibera eine erste Version zum Unfallhergang, zur Bergung des Toten und zur gescheiterten Bergung des Traktors in die Tasten. Dann nahm sie sich etwas mehr Zeit für den Hauptartikel der Printausgabe. Die gesammelten Aussagen und die detaillierte Schilderung der Bergungsversuche ergaben zusammen mit den spektakulären Fotos einen soliden Aufmacher. Für das ganze Drumherum und irgendwelche Spekulationen war gar kein Platz mehr. Das musste noch warten und bedurfte ohnehin weitergehender Recherche. Schon ein Hintergrund zu den Georisiken – sie hatte selbst schon einen Artikel darüber geschrieben, dass Geografen und Geologen an einer Gefahrenhinweiskarte für den Frankenjura arbeiteten – würde in den nächsten Tagen einen guten Nachdreher geben. Als der Artikel endlich fertig war, war die Schreibera ebenfalls fertig. Müde und vor allem hungrig. Hungrig waren sicher auch ihre Ponys und Hunde und Katzen. Schnell machte sie sich auf den Heimweg. Erst auf der Fahrt in den Steigerwald fiel ihr wieder die Gemeinderatssitzung in Steinfeld ein. Die beiden einzigen öffentlichen Tagesordnungspunkte hatten allerdings nicht gerade nach einer guten Story geklungen: Aufstellung eines vorhabenbezogenen Bebauungsplans Südäcker – Behandlung der Stellungnahmen der Träger öffentlicher Belange. Dazu noch ein privater Bauantrag, bei dem es um eine Befreiung von den Festsetzungen des gültigen Bebauungsplans zum Ausbau eines Dachgeschosses mit

Errichtung einer Dachgaube ging. Das bedeutete die stundenlange Verlesung von Behördenschreiben und eine ebenso lange Diskussion um Kniestockhöhen und Dachfirstneigungen. Sicher alles interessant für die Beteiligten, aber kaum für die Leser des *Fränkischen Tags*. Die standen in der Mehrzahl eher auf Unfälle, Brände und andere Katastrophen. Und davon hatte sie ihnen heute schließlich schon ausreichend geliefert. Aber halt! Bebauungsplan Südäcker? Hatte es nicht vielleicht doch »Steinäcker« geheißen? Handelte es sich womöglich um den Plan, den sie immer noch in der Tasche hatte? Einen Moment dachte sie daran, zu wenden und sich noch einmal auf den Weg nach Steinfeld zu machen, sechzig Kilometer quer durch den Landkreis Bamberg. Sie ließ es bleiben. Sie würde morgen gleich als Erstes den Bürgermeister anrufen.

Zu Hause versorgte sie zunächst ihre Tiere und dann sich selbst mit Nahrung. Dann breitete sie den Plan vor sich aus, den der verunglückte Bauer bei sich gehabt hatte. Tatsächlich: »Bebauungsplan Steinäcker Süd« stand da. Und ganz eindeutig war das der Acker, auf dem der Trecker heute eingebrochen war. Doch von wann war der Plan? Wenn es ihn schon gab, musste er doch nicht neu aufgestellt werden. Oder doch? Und warum hing er nicht im Aktenschrank im Steinfelder Rathaus, sondern lag in einem Loch auf dem Acker – zusammen mit einem Toten, der weder Bürgermeister noch Verwaltungsangestellter noch Gemeinderat war? Dort, wo die Stempel des Planungsbüros, der Gemeinde und des Landratsamtes sein mussten – die Auskunft über den Ursprung des Plans gegeben hätten –, war leider alles verwaschen und zum Teil zerrissen.

Der Kou saß hinter der Hecke der alten Schule, die schon längst leer stand, und sah aufs Rathaus. Im Sitzungssaal brannte immer noch Licht. Stundenlang hockten die jetzt schon da drin und redeten. Er hätte ja auch in die Sitzung gehen und zuhören können – war ja schließlich öffentlich. Aber mit dem Gewehr, das er wieder dabeihatte, besser nicht. Er konnte sich ja denken, was da beraten und beschlossen wurde. Und das gefiel ihm ganz und gar nicht. Vor allem der Dritte Bürgermeister war die treibende Kraft. So wie damals der alte Senger. Der Vater war tot und jetzt auch der Sohn. Aber mit diesem war es nicht getan. Die Großbauern hatten doch immer gemeinsame Sache gemacht mit dem Herrn Ingenieur, dem windigen. Dem würde er es schon auch noch besorgen. Das mit dem Senger Tscharlie heute sah ja so wunderbar nach Unfall aus. So hatte es jedenfalls geklungen, als der Feuerwehrkommandant am Nachmittag im Wirtshaus davon berichtete. Der Kou konnte es kaum glauben. Schuss – Treffer – versenkt. Und das gleich so. Andere würden dafür einen Granatwerfer brauchen. »Wer kou, der kou«, hätte er nur zu gerne in der Runde verkündet. Nicht umsonst trug er schließlich diesen Spitznamen. Es hatte ihn schon gereizt. Aber es war wohl besser, dass sich keiner dafür interessierte. Doch was würden sie denken, wenn jetzt – am selben Tag – der Dritte Bürgermeister erschossen wurde? Ihm fiel jedoch keine bessere Lösung ein. Die Situation war viel zu verfahren, um anständig rauszukommen. Erst hatte der alte Senger vor Jahren seinem Vater den Acker für wenig Geld abgeschwatzt. Und jetzt wollte der junge Senger mit den Kumpanen vom Dritten Bürgermeister so ein Windmonster draufstellen. Da würde er seinen Acker daneben niemals mehr als

Bauland ausgewiesen kriegen. Ohne Senger und ohne den Ingenieur keine Windräder. Dann würden sie einen anderen Bebauungsplan aufstellen, das war sein Plan. Egal, ob Wohn- oder Gewerbegebiet.

Am Rathausfenster kam nun Bewegung auf. Offenbar war die Sitzung zu Ende. Der Kou legte sich auf den Boden und visierte durch die Hecke das Rathaus an. Einer nach dem andern, teils einzeln, teils in Gruppen, manche schweigend, andere immer noch diskutierend, kamen sie heraus. Nur der Dritte Bürgermeister ließ sich nicht blicken. Im Sitzungssaal erlosch das Licht, dafür flammte es im Bürgermeisterzimmer auf. Die stecken doch alle unter einer Decke, war sich der Kou nun noch sicherer als zuvor.

Als Anette Schreiber am nächsten Morgen in die Redaktion kam, klebte schon eine Haftnotiz an ihrer Tastatur. Der Bürgermeister von Steinfeld bat um Rückruf. Sie griff sofort zum Hörer. Doch weder bei der Durchwahl noch in der Rathausvermittlung ging jemand an den Apparat. Auf der Liste der Bürgermeister-Handynummern fehlte Steinfeld. Dann musste er halt warten. Die Schreibera kramte stattdessen aus gesammelten Visitenkarten die der Geografin heraus, die ihr damals beim Pressetermin Näheres zur Kartierung der Georisiken auf dem Frankenjura erzählt hatte. Bevor sie dort beim Landesamt für Umwelt anrief, machte sie sich aber noch mal über den Sachstand kundig. Neben Felsstürzen und Rutschungen ging es dabei vor allem um sogenannte Erdstürze. »In löslichen Gesteinen, in erster Linie in Salz, Gips und Anhydrit, aber auch in Kalk und Dolomit, können durch Lösungsvorgänge (Subrosion oder Verkarstung) natürliche Hohlräume entstehen. Das mechanische Ausspülen von lockeren Feinanteilen (Suffosion) und die chemische Auflösung durch Wasser im Untergrund führen zu Schwund von Substanz und schließlich zur Bildung unterirdischer Hohlräume. Durch den Einsturz dieser Hohlräume, die bis an die Erdoberfläche reichen können, bilden sich nahezu runde Strukturen (Dolinen) von einigen Metern bis mehreren Zehnermetern Durchmesser und wechselnder Tiefe.« So lautete die offizielle Information. Genau das war ja wohl in Steinfeld der Fall.

Die Wissenschaftlerin war am Telefon sehr freundlich, verwies jedoch dann darauf, dass offizielle Auskünfte ausschließlich über die Pressestelle des Landesamtes anzufragen seien. Nun denn, die Schreibera wählte die Pressestelle an und erwartete, dass sie zu der Frau zurückverbunden würde, die sich vor Ort mit solchen Fällen am besten auskannte. Aber weit gefehlt. Der Pressesprecher ließ sich den Fall ausführlich schildern und bat dann darum, dies nochmals in einer Mail zu tun. Er werde dann zurückrufen. Die Schreibera war schon leicht genervt, tat aber im Sinne einer fundierten Recherche, wie ihr geheißen. Während sie auf die Antwort wartete, versuchte sie es erneut in Steinfeld. Wieder ging keiner ran. Dann kam der Rückruf des Landesamtes. Der Pressesprecher sagte, er habe sich bei den zuständigen Fachstellen erkundigt und könne so viel sagen, dass es in einem Karstgebirge zu Dolinenbildung kommen könne. Mehr war nicht aus ihm rauszuholen. Der Hinweis auf die persönlich bekannte und kontaktierte Expertin verpuffte. Die Schreibera war nun mehr als nur leicht gereizt. »Mit Verlaub, werter Kollege, wollen Sie mich verarschen?« Vom andern Ende der Leitung kam gebetsmühlenartig die Wiederholung der offiziellen Verlautbarung. »Also, da find ich ja auf Wikipedia fundiertere Informationen, als sie mir eine bayerische Fachbehörde, die immerhin auch eine Auskunftspflicht hat, offenbar geben kann«, herrschte die Journalistin den Pressesprecher an, der vermutlich nicht mal was für diese verquere Informationspolitik konnte. Er schwieg. Die Schreibera knallte den Hörer auf den Apparat, versuchte es erneut vergeblich in Steinfeld, schnappte sich dann den Dienstwagenschlüssel und startete Richtung Jura.

»Entschuldigen Sie, Frau Schreiber«, begrüßte sie der Bürgermeister im Rathaus. »Schön, dass Sie da sind. Wir haben leider seit zwei Stunden einen Totalausfall im Telefonnetz ... Und einen weiteren Unfall.«

Die Schreibera schluckte. »Hoffentlich nicht wieder ein Toter.«

»Doch. Unser Dritter Bürgermeister. Ein Jagdunfall. Er war letzte Nacht nach der Gemeinderatssitzung noch lange bei mir. Es hat schon fast gedämmert. Da hat er dann gemeint, er müsse jetzt noch auf die Pirsch, um seine Nerven zu beruhigen. Beim Hinaufsteigen zu seinem Hochsitz muss er dann abgestürzt sein. Ein Schuss hat sich aus seinem Gewehr gelöst. Hat ihn in den Nacken getroffen.«

Da musste diesmal die Kripo ran, dachte die Schreibera. Schade, dass ihr alter Kumpel Sigi Kögel nicht mehr dabei war. Dem würde sie einiges stecken, zum Beispiel das mit der Kugel im Treckerreifen. Und im Gegenzug hätte Kögel dann sie mit Insiderinfos bedacht. Aber leider war der Sigi tot. Schon vor zwei Jahren erschossen. Im Steigerwald, gar nicht weit von da, wo sie jetzt wohnte.

»Warum hat sich denn der Dritte so aufgeregt?«, wollte die Schreibera wissen. »Ging's um den Bebauungsplan Steinäcker Süd?«

»Ja, äh ...« Der Bürgermeister stutzte. »Südäcker. Deswegen wollte ich ja mit Ihnen reden. Wir haben da nämlich ein Problem.«

Das glaubte ihm die Schreibera aufs Wort. Und offenbar ein ziemlich großes.

»Der Willi, also der Willi Schulz, unser Dritter Bürgermeister«, fuhr der Bürgermeister fort. »Der will ..., der wollte, dass die Gemeinde da ein Windrad aufstellt, ein Bürgerwindrad. Seither ist es bei uns vorbei mit dem Frieden. Der *FT* hat ja schon drüber geschrieben. Die einen sind begeistert, die andern ganz und gar nicht. Sogar unsere Schützenkameradschaft hat sich jetzt deswegen in zwei Vereine gespalten. Und der Sommer Schorsch, dem der Acker neben dem Sengerschen gehört, sammelt schon Unterschriften für ein Bürgerbegehren.«

»Und wie wird's ausgehen?«

»Keine Ahnung. Ich hätte ja nichts gegen das Windrad. Das wären immerhin ein paar Euro Gewerbesteuer. Aber ich bin ja Bürgermeister für alle. Da war ich ganz froh, als vor ein paar Wochen der Senger Tscharlie plötzlich angekommen ist und erzählt hat, dass es für seinen Acker schon lange einen Bebauungsplan gibt. Und zwar für ein Wohngebiet.«

»Dann wär's nix mit dem Windrad tausend Meter rund um Steinäcker Süd.«

»Genau. Aber woher wissen Sie jetzt, dass der Plan ›Steinäcker Süd‹ heißt.«

Die Schreibera setzte lächelnd ihren Wir-Journalisten-haben-unsere-Quellen-Blick auf – und damit den Bürgermeister dezent unter Druck.

»Ja, den muss es tatsächlich geben. Seit fast vierzig Jahren. Ich habe natürlich gleich bei unserm Bauamt nachgeforscht. Steinäcker Süd steht auch auf einer Liste, aber der Bebauungsplan selbst ist in der Registratur nicht mehr vorhanden. Da weiß keiner mehr, was in dem dringestanden hat.«

»Außer dem Senger Tscharlie, der ja jetzt auch tot ist. Aber Sie sind doch selber schon verdammt lang in der Kommunalpolitik, Herr Bürgermeister. Ein richtiges Urgestein. Ich erinnere mich noch, als Sie zum Bürgermeister gewählt wurden. Da hieß es: Der hat die meiste Erfahrung. Ich war damals grad Volontärin.«

Der Bürgermeister fühlte sich geschmeichelt. »Nächstes Jahr werden es vierzig, dass ich im Gemeinderat bin.«

»Da müssen wir dann ein großes Porträt für den *FT* machen«, legte die erfahrene Lokaljournalistin nach. Sie wusste schon, wie sie ihre Pappenheimer gesprächig machen konnte. »Vierzig Jahre? Dann müssten Sie doch beim Aufstellungsbeschluss zu Steinäcker Süd eigentlich schon dabei gewesen sein.«

»Jetzt, wo Sie es sagen. Um was es ging, da kann ich mich wirklich nicht mehr dran erinnern. Wahrscheinlich war es in der Sitzung, als in der Nacht darauf der damalige Dritte Bürgermeister gestorben ist. Das war übrigens der Vater vom Tscharlie, der alte Senger, ja, Johann hat er geheißen.«

»Und wie ist der gestorben?«

»Die Leute haben noch lange erzählt, dass er gut gelaunt im Wirtshaus gesessen ist. Hat wohl ein paar Bier zu viel getrunken. Auf dem Heimweg muss er dann in den Hüll-Weiher gefallen und ersoffen sein. Andere haben erzählt, er hätte im Wirtshaus mit seinem Nachbarn, dem Zweiten Bürgermeister, furchtbar gestritten.«

»Der Zweite, das war dann der Sommer Schorsch, oder?«

»Nein. Sein Vater. Der hat den Hof erst ein paar Jahre später überschrieben.«

Anette Schreiber hörte sich danach noch die aktuelle Geschichte an. Die Windradgegner hatten zuletzt vor allem den Senger Tscharlie im Visier gehabt, weil sie ihm unterstellten, dass er seinen Grund dafür verpachten wollte. »Ja, wenn die wüssten, dass da ein Baugebiet geplant ist, bräuchten sie sich gar nicht mehr aufregen«, lachte der Bürgermeister plötzlich erleichtert auf. »Deswegen haben wir ja jetzt den Bebauungsplan Südäcker auf den Weg gebracht. Der soll eigentlich nur das festschreiben, was wahrscheinlich in dem verschollenen Plan gestanden hat. Damit wäre dann hoffentlich auch endlich wieder Ruhe im Dorf.«

Nach dem Gespräch musste sich die Schreibera erst mal sortieren. Im Wirtshaus gab ihr die Seniorchefin dankenswerterweise noch was von ihrem Frühstückskaffee ab. Hier hatte der alte Senger damals wohl gefeiert, dass sein Grund und Boden als Bauland ausgewiesen worden war. Hatte sich schon als gemachter Mann gefühlt und sich als solcher ordentlich volllaufen lassen. Die alte Wirtin, die sich neugierig zu der Journalistin gesetzt hatte, konnte sich sogar noch daran erinnern. Die Sache sei aber irgendwie in Vergessenheit geraten. Später waren da dann die von der Universität gekommen, die drüben im Steinbruch in Wattendorf die Saurier und die ganzen andern versteinerten Sauereien ausgegraben hätten. Dann hätten da welche Windräder aufstellen wollen, obwohl doch jeder wisse, dass der Boden dort voller Löcher sei. »Das wär was gewesen, wenn die das Dings da hingestellt hätten. Unsere Schützen machen ja dagegen mobil. Zumindest die eine Hälfte mit dem

Schützenkönig. Die andern trauen sich nimmer ins Wirtshaus. Fürs Geschäft ist das ja nicht gut. Aber es ist schon besser, wenn jetzt Wohnhäuser hinkommen. Die sind leichter. Auch wenn keiner so genau weiß, wer da überhaupt bauen will.«

Die Schreibera reimte sich ihren Teil zusammen. Dabei fiel ihr Blick auf die Schützenscheiben, die an den Wänden der Gaststube hingen. Die Wirtin war ihrem Blick gefolgt. »Da steckt in jeder noch die Kugel vom Schützenkönig drin.« Der aktuelle hieß Georg Sommer.

Zurück in der Redaktion erkundigte sich die Schreibera bei der Pressestelle des Polizeipräsidiums nach dem Jagdunfall. In Steinfeld. Die Kripo ermittle, hieß es. Dann verfasste sie einen Hintergrundartikel zur Gefahr von Erdfällen auf dem Jura. Dank einer Würzburger Geografieprofessorin, die an der Kartierung von Georisiken beteiligt war, erhielt sie auch ohne die Mitwirkung der zuständigen Behörde fundierte Aussagen. Am nächsten Tag rückte die Pressestelle der Polizei damit heraus, dass im Fall des Dritten Bürgermeisters von Steinfeld das tödliche Geschoss nicht aus dessen eigener Flinte stammte. Deswegen ermittle die Staatsanwaltschaft nun wegen eines Tötungsdeliktes.

Der Schreibera fiel die Kugel aus dem Treckerreifen ein. In ihrer Hosentasche war sie nicht, klar. Die Hose von gestern steckte in der Waschmaschine. In ihrer Mittagspause fuhr die Schreibera heim und holte die Kugel aus der Hose. Auf dem Rückweg in die Redaktion klingelte ihr Handy. Ronald war dran.

»Anette, schon wieder Steinfeld, schon wieder einer im Loch. Im selben.«

Die Schreibera fuhr direkt hin. Als sie ankam, wurde gerade ein völlig eingestaubter Mann auf eine Bahre gelegt und zum Rettungswagen gebracht.

Der Bürgermeister war auch wieder da. »Der Sommer Schorsch. Keine Ahnung, was der da drunten bei dem Trecker wollte. Aber dann ist noch mehr Erde nachgerutscht, und er ist fast ganz verschüttet worden. Diesmal ist sogar die Kripo aus Bamberg da. Sind schon viele Unfälle – und der eine war ja gar keiner.« Der Kommissar war ein alter Kollege von Sigi Kögel. Er und Anette Schreiber kannten sich flüchtig. Das musste reichen.

»Auskunft nur über die Pressestelle in Bayreuth«, blockte er sofort ab, als die *FT*-Redakteurin sich ihm näherte.

»Nix Auskunft. Aussage.«

Der Kommissar sah sie verdutzt an. Die Schreibera drückte ihm das Projektil in die Hand. »Das ist im Reifen von dem Trecker da unten gesteckt. Ihre Kollegen wollten es vorgestern nicht haben. Wenn Sie es mit dem Geschoss aus dem Nacken vom Dritten Bürgermeister vergleichen, werden Sie bestimmt feststellen, dass es aus demselben Gewehr kommt. Und wenn Sie wissen wollen, wem das Gewehr gehört, dann holen Sie die aktuelle Königsscheibe aus dem Wirtshaus. Da steckt nämlich noch so ein Ding drin.«

Da hatte sich die Schreibera jetzt ziemlich weit aus dem Fenster gelehnt. Aber die Kripo stieg drauf ein. Wie sich herausstellen sollte, war es ein Volltreffer.

Killen McNeill
Gabi wartet im Park

»Also, ich sage nix mehr. Sollen wegen mir doch seine Arme und Beine zu Streichhölzern und sein Hirn zu Brei verkümmern, bevor er uns noch einen Ausflug versaut. Schau ihn doch an, wie er daherschlorcht.«

»Weißt du, was das Problem ist?«

»Ich bin mir sicher, du wirst es mir gleich sagen.«

»Das Problem ist, dass ihr zwei genau gleich seid.«

»So ein Schmarrn. Wieso sind wir genau gleich? Hocke ich stundenlang vor dem Computer und komme nicht mal zum Essen? Schaue ich so bleich aus wie eine Larve, die man unter einem Stein gefunden hat? Genau gleich – dass ich nicht lache.«

»Ihr seid alle zwei genau die gleichen furchtbaren Rechthaber.«

»Jetzt hör halt auf mit deinem ›genau gleich‹. Wir sind nicht genau gleich. Es gibt einen großen Unterschied. Und zwar, dass ich recht habe und er nicht. Was ist denn schon dabei, wenn man am Tag der Deutschen Einheit mitwandert? Muss man mit einem Gesicht herumlaufen wie das Leiden Christi? Wie wenn man die doofsten Eltern der Welt hätte?«

»Du kannst doch sein Gesicht gar nicht sehen.«

»Ich merk schon von hinten, wie er schaut. Mein Gott. Zu meiner Zeit wär der Watschenbaum schon längst umgefallen.«

»Schon klar. Dein Vater war auch ein alter Nazi.«

»Jetzt sag bloß nicht, genauso wie ich.«

»Du hättest ihn wenigstens sein Smartphone mitnehmen lassen können.«

»Dass du aber auch immer zu ihm hältst. Wir werden doch einen Ausflug hinkriegen, ohne dass er dauernd in sein Ding neiglotzt und rumwischt.«

Das Schlimmste ist, dass meine Frau und ich wegen dem Max immer hintereinander kommen. Dabei bräuchte sie nur mir recht geben, dann müsste ich mich gar nicht so aufregen.

Der Junior dreht sich um. »Wie lange laufen wir denn noch?«, fragt er.

»Da, schau dir das Gesicht an. Hab ich's nicht gesagt?«, flüstere ich meiner Frau zu und sage laut: »Solange es eben braucht.«

»Alfred!«, sagt meine Frau. »Schau, Max, da ist die Sophienquelle. Jetzt haben wir schon mehr als die Hälfte.«

So trotten wir alle drei durch das Herbstlaub auf das Ungetüm zu. Es liegt da im Wald wie hingeklatscht, wie ein steinernes, notgelandetes Ufo aus dem achtzehnten Jahrhundert.

»Weißt du noch, wie du da hinaufgegangen bist und oben Genschers Balkonrede in Prag gehalten hast, kurz nach dem zwanzigjährigen Jubiläum?«, fragt Sabine den Junior und deutet auf den erhöhten Mittelteil, wo die geschwungenen Steintreppen sich von links und rechts treffen. »*Wir sind zu Ihnen gekommen, um Ihnen mitzuteilen, dass heute Ihre Ausreise . . .*, und wie wir als Volk dann gejubelt haben, Papa und ich?«

Aber Max lässt die in seine Richtung geschobene Wolke der Nostalgie achtlos vorüberziehen; er schaut nicht nach oben, sondern in die Rinne, die den Brunnen umgibt. »Da liegt doch etwas«, sagt er. »Das gibt's doch nicht.« Er kniet nieder und fischt aus dem Wasser ein Handy.

»Na, klasse«, sage ich. »Wie bestellt.«

»Hey, das ist das neueste Samsung«, sagt der Junior. »Es gibt doch einen Gott der Gerechtigkeit.« Er schüttelt die Tropfen vom Gerät. »Samsung Galaxy Note 4. Cool. Das kostet über sechshundert Euro.«

»Wie kommt das da hinein?«, fragt Sabine.

»Ist wohl irgendjemandem aus der Tasche gerutscht. Des einen Freud, des anderen Leid. Krass.« So lebhaft ist der Junior heute noch gar nicht gewesen.

»Geht das Ding überhaupt noch?«, frage ich.

»Vielleicht«, sagt er. »Wenn's trocken ist.« Er steckt es in seine Jackentasche. »Also, gehen wir jetzt weiter, oder wollt ihr den ganzen Tag hier herumstehen?«

Als wir auf der Straße bei Schloss Grünsberg sind, schreit auf einmal jemand ganz laut »YEEHA!!!« wie in einem Westernfilm. Sabine und ich schauen uns um.

»Das war das Handy«, sagt Max. »Es ist nicht mal ausgeschaltet.«

»Geh ran«, sagt meine Frau.

»Geh nicht ran«, sage ich.

Der Junior geht ran. »Hallo? Hallo?« Er steckt es wieder in seine Tasche. »Nur Rauschen.«

»Du wirst es zurückgeben müssen«, sagt Sabine. »Muss einem Mann gehören. Einer richtigen Dumpfbacke.«

»Wieso?«, fragen wir, aber sie rollt nur mit den Augen.

Im Wald meldet sich der Cowboy wieder. »Hallo?«, sagt Max. »Ja. Ich versteh Sie ganz schlecht. Nee, hier ist nicht

der Hermann. Was? Tut mir leid, ich verstehe nichts.«
Er drückt das Gespräch weg und betrachtet das Handy.
»Die Stimme war aber viel deutlicher als vorhin, weil das
Ding trockener ist. Schade. Ich werde es tatsächlich wieder hergeben müssen. Eine Frau war das, mehr habe ich
nicht verstanden. Vielleicht kann ich herausfinden, wem
es gehört.« Er tippt darauf herum.

Meine Frau stellt sich dazu. »Vielleicht kannst du die
SMS aufrufen.« Jetzt schauen sie alle zwei hinein.

»Na, klasse«, sage ich. »Genau das hat uns gefehlt, hier
an diesem schönen Tag, in dieser herrlichen Schlucht,
dass ihr da nur noch in das blöde Ding neiglotzt.«

»Habe ich schon«, sagt der Junior. »›Lieber Hermann,
ich freue mich wahnsinnig auf dich. Bin am Parkplatz in
Grünsberg um 10 Uhr. In Liebe, Gabi.‹ Aha. Jetzt haben
wir wenigstens Vornamen.«

Der nächste Anruf kommt just, als ein junges Paar uns
entgegenwandert. Sie schauen von mir zum Junior und
zurück.

»Es ist nicht mein Handy«, sage ich.

»Meins auch nicht«, sagt Max.

YEEHA!!!

»Meins auch nicht«, sagt meine Frau.

»Unseres sowieso nicht«, sagen die zwei.

YEEHA!!!

»Vielleicht gibt's hier so eine Western-Ranch in der
Nähe oder so«, sagt der Junior.

Die zwei ziehen weiter.

YEEHA!!!

»Gib das Ding her«, sage ich.

Max streckt es mir entgegen.

»Hallo.«

»Hermann?«

»Nee, hier ist nicht der Hermann. Hören Sie, wir haben das Handy gefunden. Sie sind bestimmt die Gabi.«

»Wieso?«

»Na, die Gabi von der SMS, mit dem Parkplatz in Grünsberg und so.«

»Ich verstehe nicht.«

»Na, mit dem Treffen um zehn Uhr und mit dem wahnsinnigen Freuen und so. Hallo?«

»Ich heiße nicht Gabi. Wo haben Sie das Handy gefunden?«

»In der Sophienquelle. Gleich bei Grünsberg.«

»Wo sind Sie jetzt?«

»Wir sind unterwegs zur Teufelskirche. Wir wandern.«

»Ich möchte das Handy wiederhaben. Es gehört meinem Mann.«

»Selbstverständlich. Wir sind keine Diebe oder so.« Ich werfe meinem Sohn einen strengen Blick zu. Er schaut aber gar nicht schuldbewusst, sondern macht komische, abwinkende Zeichen. Genau wie meine Frau.

»Wo hört Ihre Wanderung auf?«, fragt die Frau am anderen Ende.

»Wir kommen aus dem Wald oberhalb der Teufelskirche. Da ist eine Teerstraße, da könnten Sie herfahren, wenn Sie sich auskennen.«

»Moment mal. Ich kenne den Weg. Ich komme auch zur Teufelskirche. Da können wir uns treffen. Wann sind Sie da?«

»Es wird noch eine halbe Stunde dauern.«

»Wie kann ich Sie erkennen?«

»Ich habe eine gelbe Jack-Wolfskin-Jacke an, bin eins fünfundachtzig groß, sportlich.«

»Alles klar. Bis dann.«

»Tschüss.«

»Fehlt bloß noch, dass du gesagt hättest: Kulturell vielseitig interessierter Intellektueller für lange Spaziergänge und kuschelige Stunden zu zweit oder so«, sagt Sabine.

»Aber Handy- und Internetignorant müsste auch dabei sein. Fairerweise«, sagt der Junior.

»Ist bestimmt ein Pluspunkt bei vielen«, sage ich.

»Bei den Über-siebzig-Jährigen vielleicht«, sagt Sabine – und dann: »Ich glaube nicht, dass das eine gute Idee war.«

»Nee, das war ganz bestimmt keine gute Idee«, sagt der Max.

»Was wollt ihr denn? Wir können doch nicht das Handy behalten«, sage ich.

»Das war seine Frau«, sagt Sabine.

»Natürlich war das seine Frau«, antworte ich.

»Und sie hieß nicht Gabi.« Max nickt mir aufmunternd zu.

»Nee, sie hieß nicht Gabi, warum?« Sie schauen mich alle beide so komisch an, mit weit aufgerissenen Augen und wackelnden Köpfen. »Ist jetzt meine Nachhilfestunde, oder was?«

»Und wer, glaubst du, ist die Gabi?«, fragt Sabine. »Hallo?«

»Ach so.« Ich hasse es, wenn Leute »Hallo« sagen und meinen: Bist du blöd, oder was?

Es ertönt wieder wie beim Rodeo.

»Also, ich gehe nicht mehr ran«, sage ich.

Meine Frau reißt mir das Handy aus der Hand. »Hallo? Also, ich bin . . . Moment, das tut gar nichts zur Sache. Ja, wir haben Ihr Handy. Nein, wir wollen es natürlich nicht behalten. Jetzt hören Sie zu, bevor Sie hier herumbrüllen. Ihre Frau hat gerade angerufen. Ja, genau, habe ich doch eben gesagt. Jetzt schreien Sie schon wieder herum, Sie sollten besser zuhören. Ihre Frau will das Handy abholen. Ja, das denke ich mir schon. Ja. Jetzt regen Sie sich ab – wenn Sie schon so blöd sind und Ihr Handy anlassen. Wir wollten bloß herausfinden, wem es gehört.« Sie hört eine Weile zu. »Das mache ich ganz bestimmt nicht, was halten Sie von uns, zuerst werfen Sie uns vor, dass wir in Ihrem Handy herumschnüffeln, und dann sollen wir Sachen löschen, kommt nicht infrage. Machen Sie, was Sie wollen, ist mir doch scheißegal. Und selber Yeeha.« Sie beendet das Gespräch. »So ein Volltrottel, ich hab's doch gewusst.«

Wir laufen weiter.

YEEHA!!!

»Ich geh nicht ran«, sagt Sabine.

»Ich auch nicht«, sage ich.

Max nimmt das Handy. »Ja? Hallo. Nein, ich bin der Sohn. Aha, ja, hallo, Sie sind es, Sie haben uns noch gefehlt. Die Frau will uns in der Teufelskirche treffen, in ungefähr einer halben Stunde. Hören Sie, Sie können uns viel erzählen, das geht uns nichts an, uns ist es egal, wem wir das Handy geben; wenn Sie zuerst da sind, kriegen Sie es. Oder Ihr Mann oder halt Freund. Oder Ihr Hund. Also, wir sind zu dritt, ich und meine Eltern, mein Vater hat so eine quietschgelbe Jacke an. Ja. Ja. Alles klar. Tschüss.« Er legt auf. »Das war die Gabi. Klingt genauso bescheuert wie der Hermann. Sie sagt, wir sollen auf die Frau achtgeben, sie würde spinnen.«

»Wie ›spinnen‹?«, frage ich.

»Ich weiß nicht. Halt gefährlich sein. Als wäre sie irgendwie gerade aus der Geschlossenen entlassen worden.«

»Es wird ja immer toller«, sagt Sabine. »Hat sie gesagt, wie sie ausschaut?«

»Nee.«

»Und du hast auch nicht gefragt«, sagt sie zu mir. »Warst zu beschäftigt mit dem eins fünfundachtzig und sportlich und so weiter.«

»Mein Gott, stimmt doch auch, oder nicht? Ich kann doch nicht sagen ›klein und buckelig‹, da erkennt mich doch keiner. Mein Gott. Tolle Wanderung. Jetzt werden wir wahrscheinlich von einer Verrückten abgeschlachtet.«

Ungefähr hundert Meter vor der Teufelskirche kommt uns ein Mann entgegengehastet oder eher -gewatschelt, Mitte fünfzig, klein und dicklich mit Glatze, von Weitem schon wichtigtuerisch, die Arme seitlich weit ausbreitend, im Mantel, außer Atem. »Haben Sie's?«, fragt er.

»Da, bitte, nehmen Sie's.« Max gibt ihm das Smartphone.

»Also dann, ich muss weiter.« Er macht Anstalten, an uns vorbeizugehen.

»Schon mal was von ›Danke schön‹ gehört?«, fragt meine Frau.

»Oder Finderlohn?«, fragt Max.

Der Mann bleibt stehen, gräbt hastig in seiner Mantelinnentasche, fischt herum, zieht sein Portemonnaie hervor und daraus wiederum einen Hunderter. »Da.«

Und schon ist er fort, die Schlucht hinuntereilend in Richtung Grünsberg. Wir schauen ihm noch ein bisschen hinterher; er blickt beim Laufen dauernd ins Handy; dann gehen wir weiter.

»Nicht schlecht«, sagt Max süffisant.

»Du könntest uns jetzt zum Essen einladen«, sage ich.

»Ich könnte«, sagt der Junior. »Oder ich könnte ein paar richtig coole Apps herunterladen.«

»Kommt der Mann aus der Sache raus, was meint ihr?«, fragt Sabine. »Was hast du ihm gesagt, was in der SMS steht?«

Ich überlege. »Gabi, Parkplatz Grünsberg . . .«

»Freuen war noch«, ergänzt der Junior. »Wahnsinnig freuen.«

»Könnte gehen«, sage ich. »Schwierig, aber es könnte gehen. Wenn sie seine Sekretärin ist, wie meistens bei Affären, dann könnte er ihr irgendwas übergeben haben wollen. Etwas Geschäftliches.«

»Er muss halt gleich in die Offensive gehen«, sagt Max. »Ob sie ihm überhaupt nicht traue und so. Total eingeschnappt sein, das ist das Beste. Was sie überhaupt will. Gleich überfahren.« Er macht eine karateähnliche Bewegung mit der Hand.

»Und wenn er es mit Ehrlichkeit probiert?«, fragt Sabine.

»Ganz schlecht«, sage ich.

Max nickt. »Nur wenn gar nichts mehr geht.«

»Toll«, sagt Sabine. »Wo bin ich da bloß gelandet?«

Vor uns liegt die Teufelskirche. Ihre Höhlen schauen uns entgegen wie Augen aus einem riesigen, zusammengedätschten Schädel.

»Als ich in deinem Alter war . . .«, fange ich an.

»Ich weiß, ich weiß, da habt ihr die Höhlen erforscht und seid nicht stundenlang vor dem Computer gehockt«, unterbricht mich der Junior. »Kunststück. Es hat keine

Computer gegeben. Da wäre mir vielleicht auch nichts Besseres eingefallen.«

Ein Mann kommt von oben auf uns zugejoggt, schlank, Wollmütze, Kinnbart. Wir gehen zur Seite, um ihn vorbeizulassen, aber er bleibt bei uns stehen. »Haben Sie's?«, fragt er.

Wir schauen uns alle drei an. »Wer sind Sie?«, fragt Sabine.

»Ich bin der Hermann, natürlich. Mir gehört das Handy. Geben Sie's endlich her.« Er streckt seine Hand entgegen.

»Ich könnte jetzt mit dem kleinen Zauberwort kommen«, sage ich. »Aber Sie sind eh zu spät. Das Handy hat schon ein anderer.«

Die Kinnlade des Mannes klappt nach unten und wird wieder hochgezogen. »Was? Wie hat er ausgeschaut?«

»Klein«, sage ich.

»Dick«, sagt Sabine.

»Keine Haare«, sagt der Junior.

»Scheiße, scheiße, scheiße«, sagt der Mann und sackt hinunter auf den Boden wie ein Klappmesser. Er starrt auf den matschigen Hang gegenüber, hält sich die Hände vor die Knie und nickt und nickt und nickt.

»Das war dann nicht der Hermann«, sage ich.

»Das war Gabis Ehemann«, sagt er.

»Logisch«, sagt der Junior. »Hab ich mir doch die ganze Zeit gedacht, dass noch einer fehlt. Jetzt müssten wir aber wirklich durch sein.«

Der Mann hat angefangen, mit dem Kopf zu schütteln. »Aber wie kommt er bloß darauf?«

»Ihre Frau wird's ihm wohl gesagt haben«, meint der Max. »Ganz klar.«

Hermann nickt immer weiter. »Und er ist in die Richtung weitergelaufen.« Er zeigt talabwärts, ohne hinzuschauen.

»Ja«, sage ich. »Ist das schlecht?«

»Ja«, sagt er. »Wenn er alles liest, was Gabi gesimst hat, ist das sehr schlecht. Er ist bei der Polizei, er hat immer eine Waffe dabei, und er ist wahnsinnig jähzornig.«

»Ich habe schon gesehen, er hatte etwas Komisches, Schwarzes in der Tasche dabei, als er seinen Geldbeutel gesucht hat«, sagt Max.

Ich habe heute schon so viel nicht verstanden, dass es nicht mehr darauf ankommt, also frage ich: »Warum ist es schlecht, wenn er nach Grünsberg läuft?«

Was Hermann darauf antwortet, höre ich fast nicht, weil gleichzeitig drei peitschende Laute die Schlucht hinaufschallen.

Er sagt: »Gabi wartet im Park.«

Petra Nacke
Bernsteinauge

Es ist jedes Mal ebenso erregend wie erschreckend, zu sehen, wie der rosenblättrige Firnis der Zivilisation durchbrochen wird vom brodelnden Sumpf der Barbarei. Schauder ergreift die zartbesaitete Seele im Angesicht der Wahrheit – und die Wahrheit, Sie werden verzeihen, wenn ich es ein wenig drastisch formuliere: Die Wahrheit ist immer grell, laut, blutig. Gelegentlich sogar bestialisch. Schauen Sie sich die Bilder der alten Meister an, dann wissen Sie, was ich meine.

Sie möchten davon nichts hören, ich weiß. Sie würden gern bis in alle Ewigkeit an den rosa Zuckerguss der Zivilisation glauben, an die Tragfähigkeit dieses spärlich dünnen Bodens, auf dem wir gemeinhin gehen – oder sollte ich sagen schleichen? Denn was ist es anderes als schleichen, wenn wir uns, kaum der Mutterbrust entwöhnt, an die nächste Brust werfen, die uns, statt mit Milch, mit Sicherheit zu nähren verspricht. Dann kommt die nächste Brust, danach die übernächste. Mögen es der schlichte Glaube an die Wichtigkeit der Arterhaltung oder der Selbsterhaltung sein, immer schleichen wir dahin – nur nicht zu stark auftreten, nur nicht stampfen! Sonst bricht sie ein, die Kruste, und wir versinken im namenlosen Grauen.

Ganz davon abgesehen, dass das Versinken der meisten von uns ebenso sang- und klanglos geschähe wie die Zeugung einer Eintagsfliege, hat es die Menschheit beim Erfinden von Beschreibungen derartiger Einbrüche nicht gerade zu Höchstleistungen gebracht. Das beste Beispiel hierfür ist der Fall Lobo. Hier hat es, sowohl in den Polizei- wie auch in den Presseberichten, nur zu »Totschlag« gereicht. In der Kantine, auf den Fluren, in jeder Kneipe nannten sie es »die schreckliche Sache«.

»Die schreckliche Sache!« Was für ein schauderhafter und zudem ganz und gar unzutreffender Allgemeinplatz für diese eindrucksvolle Demonstration der Wandlung von Mensch zu Monstrum. Ich war, genau wie Sie, selbstverständlich nicht direkt anwesend, als es passierte. Aber ich habe Derartiges schon einige Male erlebt, kann mir also lebhaft vorstellen, wie die harte Faust des Unvorhersehbaren all das zertrümmerte, an das ein Leben lang geglaubt wurde – zumal von den mitwirkenden Familienvätern. Als Vater glaubt man ja schon hormonell bedingt an das Gute im Menschen. Und dann so etwas!

Zuerst erfolgt der Einschlag – durch was auch immer ausgelöst. Als Nächstes verästeln sich die feinen, mit bloßem Auge kaum wahrnehmbaren Risse auf der Kruste und perforieren diese, bis sie dem Druck der unteren Kräfte nicht mehr standhält, mit lautem Krachen birst und das Monstrum entfesselt, das sie so ewig lang und mühsam im Zaum zu halten versuchte. Wehe dem, der in diesem Moment zugegen ist.

Bei unserem bedauernswerten Lobo waren es gleich drei Monstren (die eben schon erwähnten Väter), die sich auf ihn stürzten und mit ihm spielten, bis nicht viel mehr von ihm übrig war als ein blutiger Klumpen aus Fleisch und Knochen (mir wurde übrigens zugetragen, dass sich die Uniformen erstaunlich leicht wieder reinigen ließen, was unbedingt für die Qualität der Dienstkleidung deutscher Beamter spricht).

Aber lassen Sie mich zunächst von Lobo erzählen, der selbstverständlich nicht immer Lobo hieß, sondern auf den ebenso schlichten wie bodenständigen Namen Petr Kleinlein getauft wurde. Petr, ohne das für deutsche Ohren versöhnlich klingende »e« in der zweiten Silbe, ist kein Rechtschreibfehler, vielmehr das Zeichen seiner Abstammung, ein Brandzeichen gewissermaßen, und dies dürfte schon bei Standesamt und Kirche für Verwunderung gesorgt haben. Auf die Taufe ihres Sohnes hatte Romana Kleinlein bestanden, obwohl sie aus Tschechien stammt und die Tschechen bekanntlich für Religion nicht viel übrighaben. Aber die Gute wird sich gedacht haben, ein wenig göttlicher Beistand könne nicht schaden, selbst wenn man nicht daran glaubt. Ihrem Petr hat dies in seinen letzten Minuten allerdings nicht geholfen, woraus sowohl der Gläubige wie auch der Atheist seine Schlüsse ziehen mag.

Ich habe Lobos Mutter zweimal gesehen. Einmal auf einer Fotografie, die er in der Brieftasche mit sich führte, und ein zweites Mal, als sie ihn besuchte. Was für ein Schock! Es war kaum vorstellbar, dass es sich bei der verhärmten, grauen Gestalt im Besucherraum um die Frau handeln sollte, deren blühende Schönheit mir aus der Aufnahme heraus geradezu greifbar entgegengesprungen war. Auf dem Foto entsprach sie genau dem Typus der östlichen Schönheit, der sich durch hohe Wangenknochen, eine feine, gerade Nase, volle Lippen und schräg gestellte Augen mit schweren Lidern auszeichnet. Ja, die Augen waren wohl das Faszinierendste an diesem Gesicht: mandelförmig und bernsteinfarben, beinahe golden – sehr beeindruckend, außergewöhnlich, selten. Ich sparte Lobo gegenüber denn auch nicht mit dem gebührenden Lob für seine ausgesprochen attraktive Frau Mama, was ihm sichtlich schmeichelte. Und dann, im Besucherraum – was für ein grauenhafter Kontrast.

Ich bin davon überzeugt, dass die zerstörte Schönheit dieser Frau auf Lobos Konto geht. Eine weitere Kerbe im Holz, eine, die ich ihm wirklich übel nehme, denn Schönheit ist ein Gottesgeschenk, gegen das sich zu versündigen allein schon nach Bestrafung schreit. Alles an dieser Frau schien verwelkt. Selbst die Bernsteinaugen hatten ihre Strahlkraft verloren, waren ausgebrannt, erloschen. Dieser Anblick hat mich zutiefst getroffen. Selbst jetzt spüre ich noch die Erschütterung, die er hinterlassen hat.

Erwähnte ich, dass Lobo ähnliche Augen hatte wie seine Mutter? Bei ihm sahen sie allerdings aus wie Wolfsaugen – gelbe, hungrige Schlitze, die gierig flackerten. Aber Lobo war kein Wolf, und wenn, dann höchstens eine dieser wolfsartigen Kreaturen, die man in Drahtkäfigen hält, um billige Pelzmäntel daraus zu fertigen. Er lohnte die Mühe nicht. Er war nichts wert.

Was die Beamten betrifft, bayerische Staatsbedienstete immerhin und – ja, ich verrate es schon an dieser Stelle – in gewisser Weise Kollegen von mir: Sie wurden offiziell suspendiert. Bis auf Weiteres, wie es so schön heißt. Mit etwas anderem hatte auch niemand gerechnet bei ihrem Zustand. Irgendwann wird es pro forma einen Gerichtstermin geben, in dessen Vorfeld Sachverständige befragt, Protokolle aufgenommen, abgenommen und abgeheftet werden, bis die Akte Petr Kleinlein alias Lobo dicker und dicker wird und trotzdem keine Fragen beantwortet. Und es gibt viele Fragen – obwohl, eigentlich doch nur eine einzige wirklich spannende: Wer oder was war verantwortlich für den Einbruch der Kruste, für die Verwandlung der drei erfahrenen Justizvollzugsbeamten Georg Simmer, Andreas Galster und Marco Schott?

Marco Schott – Schotte, der Schließer, wie man ihn hier nennt – ist Vater einer pubertierenden Tochter und eines dicklichen Zwillingspärchens im Kindergartenalter. Frau Schott habe ich ein paarmal gesehen, als sie ihn vom Dienst abholte, die beiden Kleinen im Schlepptau. Sie ist ein offen erscheinender, im Grunde aber verklemmt-biederer Typ, umweht von einer Wolke aus ökologisch korrekt abbaubarem Scheuersand, Räucherstäbchen und Dinkelgrütze, was ein Aufbegehren der Tochter nahelegt. Was waren das noch für Zeiten, in denen Kräuterwissen mit Weisheit und Magie verbunden war! Aber lassen wir das und widmen unsere Aufmerksamkeit lieber der pubertierenden Tochter, denn natürlich hingen die dunklen Wolken am biologisch dynamischen Himmel der Mutter unmittelbar mit der Tochter zusammen, und sie sprengten nicht nur den Rahmen, in dem Frau Schott das Familienidyll so gern hätte gedeihen sehen, sie zerfetzten all ihre Illusionen ebenso gnadenlos wie vollständig.

Tochter Maja (natürlich hieß sie Maja, Töchter von Demeter-Müttern heißen immer Maja, so wie ihre Katzen immer Luna und die Hunde immer Merlin oder Cosmo heißen) hatte offenbar beschlossen, dem mütterlichen Gesundheitscredo zu entsagen und stattdessen einen radikalen Gegenweg zu beschreiten. Sex, Drugs, Techno. Für Letzteres hab ich nie viel übriggehabt, das gebe ich offen zu, sehr wohl aber für den Geist der Rebellion – bravo, Maja! Die Kinder heutzutage sind im Allgemeinen viel zu angepasst, stromlinienförmig – mit anderen Worten: langweilig. Maja war das wohl nicht. Einmal war sie abgehauen, ein anderes Mal wurde sie beim Ladendiebstahl geschnappt, dann wieder hatte sie eine Mitschülerin im Sportunterricht verprügelt. Man muss kein großer Menschenkenner sein, um zu wissen, dass irgendwann auch Drogen ins Spiel kamen, und weil die Welt bis in ihre hintersten Winkel nur noch auf schnelle Gewinne abzielt, landete Maja nicht erst einmal bei Grasjoints, Spacecakes, von mir aus auch Kokain, wie es in anderen Zeiten üblich gewesen war, sondern gleich bei der bösartigsten aller Einstiegsdrogen: Methamphetamin.

Crystal, wie es in der Szene genannt wird, wirkt im Gehirn wie ein Ultrabeschleuniger. Stellen Sie sich vor, Sie würden in den Tank Ihres Opel Astra Raketentreibstoff füllen. Der Wagen ginge erst mal ab wie eine Rakete. Kurzfristig bewegten Sie sich nahe der Schallgrenze über die Autobahn, aber dann: Peng! Mit einem Schlag zerreißt es den Wagen und verwandelt ihn in ein Stück Schrott. Maja muss es ähnlich ergangen sein, nachdem sie wohl etwas in sich hineingefüllt hatte, das von irgendeinem Dilettanten in der Garagenküche zusammengepanscht worden war. Das kommt dabei heraus, wenn man Stümper an den Herd lässt!

Der etwas ungehobelte Kollege aus der Frühschicht, der mir als Erster davon erzählte, meinte reichlich despektierlich, Schottes Tochter habe sich »in eine menschliche Zimmerpflanze« verwandelt. Später hörte ich in unzähligen Kantinengesprächen noch andere Bezeichnungen für sie oder ihren Zustand, und natürlich konnte ich mir spätestens durch die vielen Telefonate bald meinen eigenen Reim machen.

Die Stimme von Frau Schott dröhnte jedes Mal durch die Kantine, wenn sie in den Mittagspausen anrief, um über Majas Zustand zu berichten, der sich partout nicht bessern wollte. Nicht nur ich, alle Anwesenden waren unfreiwillige Zeugen, und es entstand jedes Mal betretenes Schweigen, sobald das Handy klingelte. Marco Schott, das Gerät möglichst weit vom Ohr weghaltend, wie um der maßlosen Verzweiflung seiner Frau Gemahlin zu entkommen, sah von Tag zu Tag poröser aus. Porös wie ein Bimsstein, auf den sich kontinuierlich Sturzfluten aus Wut und Ohnmacht ergossen, bis der ganze Mann schließlich vollgesogen war mit Bitternis.

Spätestens jetzt werden Sie als erfahrene Leser von Kriminalgeschichten einen Zusammenhang wittern zwischen dem bedauernswerten Schicksal von Maja Schott und dem von Lobo. Sie zählen eins und eins zusammen und denken sich mit einiger Wahrscheinlichkeit: Da ist ein verzweifelter Vater wohl durchgedreht und hat einen Dealer (vielleicht sogar denjenigen, der seiner Tochter die verhängnisvolle Dosis besorgte) kurzerhand totgeprügelt. Seine zwei Kollegen während jener folgenschweren Nachtschicht (Georg Simmer und Andreas Galster, wir erinnern uns) haben ihn davon nicht abgehalten, sondern sogar noch unterstützt, weil sie voller Mitgefühl waren und außerdem um das Wohl ihrer eigenen Kinder besorgte und überhaupt gewissenhafte deutsche Beamte sind.

Ja, so einfach hätte es durchaus sein können. War es aber nicht.

Der junge Wachmann, der die Tat entdeckte und dem noch tagelang danach die Hände zitterten, wie ich aus nächster Nähe beobachten konnte, sprach immer wieder von »abgehackten Gliedmaßen«, von einer »Schlachtung«, von »viehischem Gemetzel«, was, da werden Sie mir zustimmen, aufhorchen lässt und ein wenig besorgniserregend klingt. Hinzu kommt der Zustand, in dem sich die drei Täter seit jenem Vorfall befinden und der mich noch einmal den Kollegen aus der Küche mit seiner »menschlichen Zimmerpflanze« zitieren lässt.

Aber bis zu einem gewissen Grad haben Sie dennoch recht. In der Tat war Lobo ein verabscheuungswürdiger Profiteur, der seine familiären Bande nach Tschechien nutzte, um dort die Ware günstig einzukaufen und hier teuer unters Volk zu bringen. Er war einer dieser Kleindealer, wie man sie zuhauf überall in diesem Lande findet, wo viele Menschen (meist junge) zusammenkommen – auf der Partymeile, in der Dorfdisko, auf dem Schulhof. Kleindealer sind überall. Sie sind die Rattenflöhe des einundzwanzigsten Jahrhunderts. Sie sind die Pest.

Es ist ebenfalls richtig, dass der über den Zustand seiner Tochter vollkommen verzweifelte Marco Schott in Lobo ein Ventil fand. Er hat ihn wochenlang schikaniert, ihm den Hofgang verweigert, nächtens immer wieder die Zellentür aufgerissen und das Neonlicht an- und abgeschaltet, was Lobo natürlich am Schlafen hinderte und seiner Gesundheit auf Dauer nicht zuträglich war.

Falsch ist es indes anzunehmen, aus diesen beiden Zutaten – einem geschnappten Kleindealer und einem wütenden Vater, sprich: einem Rattenfloh und einem Flohwärter – ergäbe sich automatisch ein bestialischer Mord wie der unsere. Dazu braucht es ein bisschen mehr Finesse, denn ähnlich einer Speise benötigt so eine Tat die Hauptingredienzien nur als Grundlage. Doch erst durch das richtige Timing, die Würze und vor allem die liebevolle Hingabe des Kochs entwickelt sie sich zu einem exquisiten Gericht.

In aller Bescheidenheit darf ich behaupten, es auf diesem Gebiet zu einer gewissen Kenntnis gebracht zu haben, obwohl ich am Herd immer nur als Laie stehe, der niemals eine professionelle Ausbildung genossen hat. Dabei war und ist es doch das Kochen, das mein Leben zusammenhält. Ja, es ist das Kochen, das allem endlich einen Sinn gab und gibt.

So habe ich leider nicht immer gedacht, stattdessen kostbare Jahre meines Lebens damit vergeudet, die Welt zu verfluchen, die mein eigentliches Talent (oder das, was ich dafür hielt) nicht erkennen wollte. Ich bedauerte mich armen Zurückgewiesenen, haderte mit meinem Schicksal, das mich an den Rand der Gesellschaft drängte, nur weil ich meiner Leidenschaft folgte – der Kunst, der Poesie, der Schönheit. Der Künstler hat es noch nie leicht gehabt, in keinem Jahrhundert (wenige Ausnahmen bestätigen hier nur die Regel). Und doch scheint mir gerade unsere Zeit diejenige zu sein, in der die kreativ Schaffenden am meisten mit Verachtung gestraft, gedemütigt und damit seelisch verkrüppelt werden. Nein, ich bedauere es nicht im Geringsten, der professionellen Liaison mit den Musen entsagt und das Betätigungsfeld schon vor Jahren gewechselt zu haben. Mein Steckenpferd wird die Kunst selbstverständlich immer bleiben – der Musenkuss findet für mich gewissermaßen nur noch im Hobbyraum statt.

In meiner jetzigen Position bin ich nicht mehr der Geworfene, sondern sitze an der Schaltstelle der Macht, in einer Schlüsselposition – vielmehr in einer Schüsselposition, wenn Sie mir diesen kleinen, etwas flachen Scherz gestatten. Dabei ist es selbstredend nicht die offizielle Tätigkeit als Kantinenkoch, die mich erfüllt, sondern das ganze Drumherum: die Geschichten, die Kontakte, die Beziehungen, die sich hier so mühelos knüpfen lassen. Sie waren auch der Grund, warum ich diese Stellung angeboten bekam und nach kurzem Bedenken auch antrat – als eines von zwei soliden Standbeinen.

Im Normalfall beobachte ich Gestalten wie Lobo eine Weile. Ich verfolge, dank der Verbindungen zum Grenzschutz, zum Drogendezernat, zur Sitte, was sie so treiben, bei wem sie Ware kaufen, wo und an wen sie verkaufen und so weiter. Sobald sie beginnen, meine Kreise zu sehr zu stören, werden sie unauffällig beseitigt oder landen hier in der JVA, wo ich sie weiterstudieren und auf die richtige Seite bringen kann – meine Seite. Und damit kommen wir zum anderen Standbein.

Ich arbeite mit zwei hervorragenden promovierten Chemikern zusammen, die wahre Meister ihres Fachs sind, wenn es um die Herstellung von Methamphetaminen geht. Zu meinem Glück fielen diese extraordinären naturwissenschaftlichen Begabungen einer universitären Verschlankungskur zum Opfer – die beiden »Doctores« wurden, trotz ihrer honorigen Verdienste, entlassen und erhielten lediglich eine einmalige Abfindung. Seit vielen Jahren bilden sie nun den Kern meines Unternehmens. Daneben habe ich im Laufe der Zeit ein gut funktionierendes Verteilernetz und einen Sicherheitsapparat aufgebaut, wobei es sich bei den Verteilern – ich nenne sie bewusst Verteiler und nicht Dealer – manchmal um arbeitslose Akademiker, überwiegend jedoch um von mir ausgewählte und umgeschulte Exdealer handelt, und bei den Sicherheitsleuten hauptsächlich um unterbezahlte Polizeibeamte.

Falls Sie nun annehmen sollten, dass Schott, Galster und Simmer in meinen Diensten standen, muss ich Sie enttäuschen. Die drei Herren waren eher der Meinung, ihr karges Vollzugsbeamtensalär ohne zusätzliche Arbeit aufstocken zu können. Um sie in Sicherheit zu wiegen, habe ich ein paarmal gezahlt, aber Sie werden verstehen, dass so etwas auf Dauer schon aus betriebswirtschaftlichen Gründen untragbar ist. Ich musste ihnen eine Lektion erteilen und vor allem Raum zwischen uns schaffen. Es war sehr leicht, ihnen das Crystal in jener Nachtschicht mit dem Kaffee zu verabreichen (ich muss hier sicher nicht betonen, dass es sich um eine sehr potente Mischung handelte, die eigens für diesen Zweck kreiert wurde).

Warum es Lobo erwischte, und dann auch noch auf diese Weise? Er hatte seine Chance, er hatte sie sogar mehrfach. Ich habe mich lange mit ihm beschäftigt, aber er war unbelehrbar, ließ sich partout nicht davon abbringen, immer wieder eigene Wege zu gehen. Er war fällig, wie man so sagt, ich hätte ihn in jedem Fall und für alle Zeiten aus dem Verkehr ziehen lassen – nur wäre das deutlich dezenter geschehen, ich verabscheue nämlich hässliche Szenen und verurteile sie normalerweise aufs Schärfste. Aber dann: die Frau mit den Bernsteinaugen, der Schock, die Wut über so viel zerstörte Perfektion. Mein künstlerisches Alter Ego war zutiefst aufgewühlt, war wie vom Blitz getroffen. Ja, ich denke, das war der Moment der Inspiration für dieses Werk, aber, wie ich vorhin schon erwähnte: Kunst ist für mich mittlerweile nur noch ein schönes Hobby.

Horst Prosch

Abendlied mit E.Mu.

Ort der Handlung: Westliches Mittelfranken
Flurbezeichnung: Sauzogel
Gemarkung: Wolframs-Eschenbach

Der Mond ist aufgegangen
Die goldnen Sternlein prangen
Am Himmel hell und klar;

Dem Mädchen standen Tränen in den Augen. Ein Fluch löste sich von ihren Lippen. Er musste da sein. Sie hatte den Ring auf den Zeltboden gelegt, nur für einen kurzen Moment. Er konnte sich doch nicht in Luft aufgelöst haben.

Wieder ein Fluch. Mit spitzen Lippen gegen die Zeltwand geschleudert, die im Bassgewitter der Nacht merklich vibrierte.

... *rummsrummsrummsrumms* ...

Ich weiß nicht, warum sie dieses Seil an mir befestigt haben. Wozu brauche ich ein Seil? Ich habe noch nie ein Seil gebraucht. Oder ist das ein Kabel? »Ich bin müde«, hauchte die Birke und ließ einen dürren Ast fallen.

... *rummsrummsrummsrumms* ...

»Liebe Mitbewohner und Leidensgefährten! Wir sind zusammengekommen, um die allgemeine Situation zu erörtern. Ich bitte daher um erhöhte Aufmerksamkeit, die Lage ist brisant.«

Die alte Eiche versuchte sich als Wortführerin. Eine schwierige und undankbare Aufgabe. Die Ansprache wurde von einem Geräusch verschluckt.

... rummsrummsrummsrumms ...

Eine Eule schlug interessiert mit den Flügeln und machte »Huhu«. Kiefern rieben im Nachtwind ihre Stämme aneinander; bei Stille hätte es leise geknarzt. Nun hörte es niemand.

... rummsrummsrummsrumms ...

Ich bin müde, dachte die Birke. Seit einer Woche kann ich nicht schlafen. Lastwagen sind den engen Weg zur Waldlichtung heraufgefahren, direkt an mir vorbei. Ich musste die Abgase aushalten und das Hämmern der Zweibeiner, als sie die großen Zelte aufgeschlagen haben. Zelte, so groß, dass ich darin Platz finden könnte. Ich und noch ein paar mehr.

Die alte Eiche erhob ihre Stimme und versuchte es erneut.

»Wie ihr alle wisst, werden wir seit mehreren Jahren immer zu Beginn des schönen Monats September von einer Invasion zuckender Zweibeiner heimgesucht, die unsere Ruhe stören.«

... uscha-uscha-uscha-uscha ...

Zwei junge Hasen machten sich davon. Sie hoppelten zur Lichtung, die seit einigen Tagen von einem Zaun umgeben war, schlüpften durch diesen hindurch und mischten sich unter die Zweibeiner. Eine Weile sah man sie springen und Haken schlagen. Es schien, als hätten sie monatelang für diesen einen Tanz geübt. Ein paar junge Leute bildeten spontan einen Kreis und klatschten begeistert. Schließlich verschwanden die Hasen im nahen Maisfeld.

... humpfhumpfhumpfhumpf ...

Auf die Gräser legte sich der Tau der Nacht. Hinter einer Wolke kroch langsam der Mond hervor; er warf einen Blick auf das seltsame Treiben am Rande des Waldes und versteckte sich wieder.

»Wir müssen uns eine Strategie überlegen, wie es wieder anders wird. Ruhiger. Diese zwei Wochen im September rauben uns den Rhythmus. Unsere Wurzeln vergessen, Nahrung aus dem Boden zu saugen, die Blätter bewegen sich nicht mehr im Wind, sondern vibrieren im Dröhnen der Motoren und Bässe. Die Zweibeiner kommen und amüsieren sich. Sie bezahlen dafür sogar Eintritt. Was können wir also tun?«

Mein Freund bringt mich um, überlegte das Mädchen. Wenn ich den Ring nicht mehr finde, macht der was mit mir. Irgendwas. Der ist so. Er hat sich das Schmuckstück von seinem Lohn abgespart. Für sein Goldstück Lea, hat er gesagt, also für mich. Ich habe schon gedacht, er kniet sich vor mich auf den Boden, als er mir den Ring überreichte. Hat er dann doch nicht gemacht. Nur gesagt, wenn ich den Ring verlöre, dann würde etwas passieren. Das Ding sei ein Vermögen wert. Und dann hat er mir noch die Karten für E.Mu. überreicht. Da wollte ich zwar nie hin, aber das konnte ich ihm nicht sagen.

Lea tastete nach der Taschenlampe. Jetzt suchte sie schon zwei Dinge. Die Taschenlampe und den Ring. Zum Glück war Holger gerade nicht da, er holte sich heiße Ohren. Vielleicht kniete er auch auf dem Fußboden zwischen den riesigen Zelten und staunte über die Vibrationen der Bässe aus den meterhohen Boxen, die seinen Herzrhythmus durcheinanderbrachten. Er hatte sich extra ein schwarzes Shirt mit goldenen Buchstaben bedrucken lassen. Darauf stand in großen Lettern »Jede Zelle meines Körpers ist glücklich«.

... rummsrummsrummsrumms ...

Im Unterholz bewegten sich junge Föhren. Sie waren etwa doppelt so groß wie die Heidelbeersträucher dazwischen. Ihre Nadeln wippten im Takt; der Strahl eines rotierenden Scheinwerfers drang in unregelmäßigen Abständen zu ihnen hindurch. Es sah aus, als würden die kleinen Bäume unter Strom stehen.

... rumms-humpf-rumms-humpf ... humpfhumpfhumpf-humpf ...

Ich bin müde, überlegte die Birke. Einfach nur müde. Sie haben tagelang gebohrt und gesägt und geplant und besprochen; nachts sind sie in einem Zelt verschwunden, das mitten auf der Wiese stand. Darin haben sie geredet und geredet, und manchmal kamen sie heraus, haben mit einer Taschenlampe über das feuchte Gras geleuchtet und Markierungen auf den Boden gesprüht. Sie wollten alles anders machen als im letzten Jahr. Besser. Und schöner. Die Zweibeiner sollten nicht mehr den steilen Weg durch den Wald gehen, sondern es bequemer haben. Auf Stöckelschuhen über Wurzeln zu stolpern sei einfach lästig, sagte einer. Wurzeln sind einfach nur lästig! Genau so lästig wie Kopfsteinpflaster. Aber die Location sei genial. Fernab von jeder Zivilisation. Wo sich Fuchs und Hase eine gute Nacht wünschten und Rehe an den saftigen Grashalmen knabberten. Eine poetische, natürliche Wiese am Waldrand, umgeben von ursprünglicher Natur, irgendwo zwischen Windsbach und Wolframs-Eschenbach. Idylle pur. Und Stille.

... *rummsrummsrummsrumms* ...

Hier passen locker fünftausend Leute her, haben sie gesagt. Und ein Campingplatz. Und Zelte, so groß wie beim Zirkus. Darin sollen die DJs Beats kreieren. Die Masten der Zelte über den Dancefloors würden sie mit Scheinwerfern bestrahlen, dahinter der Wald als Kulisse. Ein Traum. Aber sie müssten für Strom sorgen. Ein paar Dieselgeneratoren würden sie wohl brauchen. Natürlich mit Schallschutz, damit die Musik nicht übertönt wird.

... *rummsrummsrummsrumms* ...

Ein Zittern ging durch die Birke. Kommt schon der Winter?, überlegte sie.

Es sei Mastjahr, meldete sich die alte Eiche erneut zu Wort. Man könne die Eicheln sammeln, auf dem steilen Weg durch den Wald in Richtung Sallmannshof verteilen, und die Besucher mit den Stöckelschuhen würden dann in der Nacht, wenn sie vom Tanzen müde seien ...

»Abgelehnt. Der Weg ist seit diesem Jahr für die Rettungskräfte vorgesehen. Ausschließlich.«

... *uscha-uscha-uscha-uscha* ...

»Das ist gefährlich! Gefährlich! Ja, genau, das ist gefährlich.«

Eine Gruppe junger Fichten wehrte sich gegen den Vorschlag mit den Eicheln. Ihre Äste wippten im Takt.

Außerdem fänden sie das Festival nicht so schlimm. Schließlich seien die großen bunten Sterne, die sie als Dekoration bekommen hätten, doch schön, oder? »Das ist fast wie Weihnachten. Nein. Besser. Das ist das Festival für elektronische Musik. E.Mu.«

Die Sterne in den Fichten wechselten die Farben. Sie entwickelten sich zu einem gigantischen Regenbogen, glühten silbrig auf und leuchteten anschließend in zartem Rosa. Der Wald hielt für einen Moment den Atem an.

Ein Igel kroch aus seinem Versteck. »Wir müssen das aushalten«, grummelte er. »Ja. Aushalten müssen wir das. Irgendwann geht das vorbei, so wie alles wieder vorbeigeht. Das Leben. Die Würmer. Die Maden. Die Zweibeiner. Lasst denen doch ihren Krach. Ihr Gedöns. Ihre elektronische Musik. Die drehen nur an Knöpfchen, die machen sonst nichts.« Dann rollte er sich zusammen, versteckte die Schnauze in der Erde und drückte seine Stacheln so weit nach außen, wie es ihm möglich war.

Aus der Tiefe des Waldes meldeten sich die Brennnesseln. Man könne einen Sud aus ihnen machen und damit die Zweibeiner übergießen, schlugen sie vor. Das würde zu Hautausschlägen führen und die Gesundheitsbehörden auf den Plan rufen. Außerdem könnten sie mit den Stechmücken sprechen. Die seien immer ganz scharf auf nackte Haut. Und nackte Haut gab es sehr viel ...

Wann kann ich endlich schlafen?, dachte die Birke. Sie haben den Campingplatz zwischen den Maisfeldern aus dem Boden gestampft, mit Toiletten und Duschen und einem Parkplatz; dazu einen Taxistand, damit die Feierwütigen zum Einkaufsmarkt und wieder zurück gebracht werden. Laufen können sie die drei Kilometer bis dorthin ja nicht. Viel zu anstrengend. Wo doch der Wodka und das Bier und die Zigaretten und das andere Zeug so schwer sind. Das halten die nicht mehr aus, wenn sie schon bis morgens um drei Uhr mit den Füßen auf den Boden eingestampft haben.

... *uppffa-uppffa-uppffa-uppffa* ...

Sie haben kein einziges Instrument dabei. Keine Geige. Keine Trompete. Kein Klavier. Nur schwarze Kästen, die sie mit langen Kabeln miteinander verbinden. Die schwarzen Kästen schrauben sie fest, damit sie nicht über die Wiese hüpfen.

... *uppffa-uppffa-uppffa-uppffa*....

»Gibt es weitere Vorschläge?«

»Vorschläge? Huhu.« Die Eule öffnete vorsichtig ein Auge. »Vorschläge. Huhu. So lasst uns denn schlagen«, resümierte sie. »Schläge sind immer gut. Am besten auf den Hinterkopf. Die Zweibeiner sagen, das könne das Denkvermögen erhöhen. Aber vielleicht entsteht dadurch auch nur wieder ein Geräusch. Ein neues Geräusch, das uns stört und die Stille durchbricht. Dumpf. Dauerhaft. So wie das da jetzt gerade. Das ist doch schön, oder? ... Findet ihr alle nicht auch, dass dieses Geräusch wunderschön ist und zur Idylle dieser Waldlichtung passt?«

... *rumms-humpf-rumms-humpf*...

»Eine richtige Sinfonie ist das!«

... *rumms-uscha ... rumms-uscha ... rumms-uscha ...*

»Hört ihr nicht die Kastagnetten, die spanischen Gitarren und Schalmeien? Chöre singen himmlische Lieder, und die Königin der Instrumente, die Orgel, zieht alle Register.«

Der Vollmond kroch für einen Moment hinter seiner Wolke hervor.

»Blödsinn«, stellte er fest. Dann verschwand er wieder.

Lea hatte endlich die Taschenlampe gefunden und suchte damit den Zeltboden ab. Zunächst fand sie nur die Ohrstöpsel, die sie vorsorglich eingepackt hatte. Immerhin.

... *rumms-humpf-rumms-humpf*...

Sie stopfte sich die Dinger in die Ohren und hoffte auf Linderung. Ein paar Bässe wurden verschluckt, die monströsen Lautsprecher versetzten die Zeltplane noch immer in rhythmische Vibrationen.

... *mpf-mpf-mpf-mpf* ...

Ein bisschen besser ist es nun, stellte Lea fest. Mehr nicht. Jetzt fehlt noch der Ring. Ich könnte ihm den Ring wieder zurückgeben, dachte sie. Dann müsste ich nicht mit ihm zusammenziehen. Obwohl sie sich das gewünscht hatte. Eigentlich. Bis sie festgestellt hatte, dass seine Musik nicht ihre Musik war. Bei Vivaldi hatte er gefragt, ob das ein Hund sei. Schostakowitsch hielt er für einen früheren russischen Präsidenten, Grieg brachte er mit Afghanistan in Verbindung. Ich muss das Zelt systematisch absuchen, überlegte Lea. Hinten in der rechten Ecke beginnen und mich dann nach links vorarbeiten. Sie räumte den Schlafsack zur Seite, die Isomatte, zwei Päckchen Chips, den Sechserpack Leichtbier, auf den Holger bestanden hatte, dazu die Coladosen und seine Jogginghose, in der er schlafen wollte; dann das Wäscheseil mitsamt einigen Wäschezwickern, das schnell trocknende Outdoorhandtuch, eine Ersatzunterhose, zwei Rollen Toilettenpapier, vierlagig, Holgers Deo, Holgers MP3-Player, Holgers Zahnbürste, den noch immer nicht aufgebauten Outdoorcampingstuhl mit Bierdosenhalterung und Aufbewahrungstasche. Alles wegen einer einzigen Übernachtung. Welch ein Aufwand. Als würde er zum Camping an den Gardasee fahren. Aber er hatte darauf bestanden. Das sei die minimale Grundausstattung von Festivalbesuchern.

... *mpf-mpf-mpf-mpf* ...

Wenn nur dieses Stampfen nicht wäre. Es dröhnte in ihren Ohren, legte sich auf ihr Gemüt und machte sie aggressiv. Davonlaufen könnte sie. Gegen eine Matratze schlagen. Sich für einen Marathon anmelden, damit diese untergründige Rastlosigkeit, die ... *mpf-mpf-mpf-mpf* ... in ihr auslöste, ein Ende fand.

Bei Holger war es genau anders. Der hockte sich in diese Bässe hinein, als wären sie warmes Badewasser. Dazu Schaum von der Nasenspitze bis zu den Zehen, als Krönung ein Bierglas am Wannenrand. Entspannung pur. Da zuckte der Schaum im Takt und zauberte Holger ein zufriedenes Grinsen ins Gesicht, das sogar seine fast immer vorhandenen Falten auf der Stirn entspannte.

Die Birke überlegte, ob sie im Stehen schlafen könne. Einfach so. Augen zu. Scheinwerfer aus. Irgendwo anlehnen, für die Welt und die Zweibeiner unsichtbar sein und so tun, als sei man allein. Die Stunden bis zum Morgengrauen würden irgendwie vergehen. Das immer vorhandene Geräusch wäre dann verstummt, die Zelte auf dem Campingplatz würden abgebaut werden, die großen Zirkuszelte mit den Musikanlagen ebenso. Traktoren würden kommen und alles wieder mitnehmen. Zweibeiner mit einfarbigen T-Shirts und der Aufschrift »E.Mu.«. würden mit Plastiksäcken über die Wiese laufen und alles einsammeln, was die anderen fünftausend Zweibeiner hatten fallen lassen. Taschentücher. Notizzettel. Telefonnummern. Verloren gegangene Gehirnwindungen. Und irgendwann, ja, irgendwann wäre die Wiese wieder nichts anderes als eine beschauliche Wiese, und die Waldlichtung zwischen Wolframs-Eschenbach und Windsbach eine Waldlichtung. Eine stille, schöne, idyllische Waldlichtung, auf der sich manchmal im Morgengrauen die Wildschweine trafen.

... *rumms-humpf-rumms-humpf* ...

Die Wildschweine!

Eine Horde marschierte quer durch den Wald. Machte um den für eine Nacht vorhandenen Campingplatz einen Bogen. Zu viel Gedöns, eindeutig. Ob der Keiler mit seiner Rotte nicht doch kurz dazwischen durchjagen sollte? Die Absperrgitter außen herum hinderten ihn daran. Schlau ausgedacht. Obwohl das Chaos, das sie anrichten würden, bestimmt lustig wäre. Überfordertes Sicherheitspersonal. Nicht registrierte Waldbesucher ohne Festivalkarte. Freilaufend. War in den Anweisungen für die Security nicht vorgesehen, obwohl die Richtlinien des Veranstalters von A wie Autoabstellplatzgrenzeinhaltung bis Z wie Zeltplatzwiederherstellungsverordnung beinahe alles enthielten. Das W wie Wildschweine war durch Wegwerfgebühren besetzt. Wie also sollte hier verfahren werden? Die Schwarzkittel nachträglich auf die VIP-Liste setzen? Durchlassen? Einfangen? Bis zum Eintreffen des zuständigen Försters den Bratwurststand für besonderen Fleischnachschub vorbereiten? Aber hatte das tanzwütige Volk solch eine Delikatesse überhaupt verdient? Der Keiler überlegte, ob er sich mitsamt den Bachen und Frischlingen über den Dönerstand hermachen sollte, aber da standen ihm zu viele Zweibeiner herum. Obwohl ... die könnte er ein wenig durcheinanderwirbeln mit seinen Eckzähnen, ein bisschen anknabbern ... Sind ja ein paar knusprige Waden dabei. Dann entschied er sich doch anders und führte die Rotte ins Maisfeld hinein. Es gab da eine wunderbare Stelle mit einer Matschpfütze vom vergangenen Regen. Die wollte er wieder aufsuchen; also Marsch hinein, zwischen den geparkten Autos hindurch. »Los. Macht schon. Wir haben nicht ewig Zeit. Lasst die Döner liegen und auch die angebrochenen Packungen mit salzigem Knabberzeug! Kinder, es gibt Besseres.«

Irgendjemand zieht am Seil, überlegte die Birke. Da ist so eine Spannung an meinem Stamm. Die Wurzeln heben sich schon aus dem Waldboden. Daran ist der Dauerregen vom vergangenen Sonntag schuld. Ich kann mich nicht länger halten. Und was, bitte!, macht der Zweibeiner bei mir? Er wird doch nicht etwa ...?

Der Zug auf dem Seil verstärkte sich, die Birke stemmte sich dagegen, Äste und Zweige und Blätter erzitterten vor Anstrengung. Der Waldboden gab nach.

... rumms-humpf-rumms-humpf ...

Das Krachen der Äste und das Splittern von Hartholz wurden von E.Mu. übertönt. Achtzigtausend Watt reichten nicht nur für diese eine Waldlichtung, sondern weit darüber hinaus. Wer in ungünstiger Windrichtung und auf gleicher Höhe wohnte, saß trotz Backsteinmauern aufrecht im Bett.

Vieles geschah nun innerhalb weniger Sekunden. Der Zweibeiner plätscherte seinen dicken Strahl an die Birke; das Stahlseil am oberen Stamm der Birke hielt, wurde aber von der anderen Seite unter starke Spannung gesetzt, weil einige E.Mu.-Besucher im Überschwang des einlullenden Soundbreis an einem Holzmast hochgeklettert waren und glaubten, sie müssten sich alle auf einmal am Seil entlang zur Birke hangeln. Dies brachte den Baum in Schräglage. Als die Birke fiel, wurde der pinkelnde Zweibeiner der Länge nach unter ihr begraben. Es war Holger, er fand einen schönen Tod. Bis zum letzten Moment vernahmen seine Ohren das geliebte Geräusch ... *uscha-uscha-uscha-uscha* ..., seine Lippen zeigten ein zufriedenes Lächeln; leider wurde die goldene

Schrift auf seinem Shirt teilweise vom Stamm verdeckt. Übrig blieb: »Jede Z ... mein ... ist glück ...«

Das Seil, das der Birke zum Verhängnis wurde, war am anderen Ende an einem Holzmast befestigt, an dem ein Stromkabel über den steilen Weg durch den Wald führte. Der Mast wurde umgeworfen, mit ihm das Stromkabel. Dieses steckte in einem Verteilerkasten, der den von Dieselaggregaten produzierten Strom über alle Zelte verteilte und auch die Dönerbuden und Andenkenverkäufer versorgte. Das Stromkabel wurde aus dem Verteiler gerissen und verursachte einen Kurzschluss. Aus dem Verteilerkasten sprühten die Funken. Die Elektronik der Dieselaggregate erkannte die Störung und schaltete die Motoren automatisch ab; fast gleichzeitig erloschen in allen Imbissbuden und Alkoholausschankwagen die Lichter, die Zirkuszelte wurden dunkel, fantasievolle Lichteffekte wurden von tiefer Nachtschwärze abgelöst, und aus ... *uscha-uscha-uscha-uscha* ... wurde:

....

Die eintretende Stille war atemberaubend. Für einige Momente war nichts zu hören und nichts zu sehen, da sich der Vollmond wieder hinter die Wolkendecke zurückgezogen hatte. Nur die Holzkohlen unter dem Bratwurstgrill glühten und verbreiteten eine gemütliche Atmosphäre.

Es dauerte eine Weile, bis die vorsorglich anwesende Freiwillige Feuerwehr aus Wolframs-Eschenbach mit einem Lichtbaum für dürftige Ausleuchtung gesorgt hatte. Schließlich wurde vom Roten Kreuz auch der Zweibeiner unter der Birke gefunden. Ein Unfall war anzunehmen. Aber warum kippte eine Birke einfach um? Der Veranstalter wollte sich keinen Verdächtigungen aussetzen und verständigte die Polizei.

Ein Beamter, der sich als Kommissar Brendle vorstellte, nahm die Sachlage in Augenschein. Das Seil, das zur Absicherung des Mastes für das Stromkabel um den Stamm der Birke geschlungen worden war, entdeckte er zunächst nicht.

Stattdessen stellte er Fragen. Welche Maßnahmen für die Sicherheit der Festivalgäste ergriffen worden wären. Ob alle Genehmigungen vorgelegen hätten, ob der Wald und seine Bäume zu Beginn der Veranstaltung auf mögliche Schäden durch Windbruch oder Fäulnis untersucht worden wären.

Der Veranstalter antwortete ausweichend.

Brendle zog einen Block hervor, machte sich Notizen und forschte weiter.

Ob man mit dem Förster gesprochen habe, wollte er wissen. Tierschutz sei auch in heutiger Zeit nicht zu vernachlässigen. Naturschutz würde immer wichtiger. Und ob die Wald-Lärmschutz-Verordnung der Europäischen Union zur Förderung von gleichmäßigem Wachstum der Jahresringe bei Bäumen eingehalten wurde. Es gebe da eine neue Richtlinie.

Der Veranstalter verneinte und fügte hinzu, das sei wohl ein Scherz, und diese Wald-Lärmschutz-Jahresring-Richtlinie existiere wohl nur in den Köpfen der Waldindustrie.

»Wenn Sie sich da mal nicht täuschen«, sagte Kommissar Brendle. »In der EU gibt es alles.«

Ein Discjockey drängte sich durch die Absperrung, die inzwischen um die Birke und den darunterliegenden Toten gezogen worden war, und wollte wissen, wann er die Beats wieder hochfahren könne. Strom sei kein Problem, er hätte da gute Verbindungen zum THW.

Brendle schob ihn sanft, aber bestimmt, zurück. »Lassen Sie mal«, meinte er.

Dann warf er einen Blick in die Runde. Die Lichtung lag beinahe im Dunkeln. Ein paar Handys wurden zu Taschenlampen umfunktioniert, sie wirkten wie Glühwürmchen; vom Würstchenstand stieg eine dünne Rauchsäule in den Nachthimmel.

»Vielleicht hat sich ja der Wald gegen E.Mu. gewehrt?«, sinnierte der Kommissar und wagte damit eine skurrile Theorie.

»Fragen Sie ihn doch mal«, meinte der Veranstalter. Der Herr in Jeans und dem weißen T-Shirt, auf dem in blauen Buchstaben »E. Mu. – Centrum für elektronische Musik« gedruckt war, zeigte sich genervt. Sein Handy vibrierte und klingelte fortwährend. Zudem verlangten die ersten Besucher ihr Eintrittsgeld zurück.

»Und?«, fragte Kommissar Brendle und warf einen Blick auf die dunklen Baum-Silhouetten, die die Wiese begrenzten. »Seid ihr das gewesen?«

Er wartete auf eine Antwort. Irgendetwas würde schon kommen. Ganz unerfahren war er in solchen Fällen nicht. Schließlich hatte er schon ein Klavier in einem Kunsthaus verhört. Das wollte etwas heißen.

Doch der Wald stand schwarz und schwieg,
und aus den Wiesen stieg
der weiße Nebel wunderbar.

Lea nahm die Ohrstöpsel heraus. Es war so still. So idyllisch. Hinter ihr rauschte das Maisfeld im Nachtwind, in der Nähe zirpte eine Grille. Wie damals beim wilden Zelten am Brombachsee, irgendwo in der Nähe des FKK-

Strandes, als sie Holger kennengelernt hatte. Dann entdeckte sie das kleine Loch im Zeltboden. Sie suchte mit der Taschenlampe den Bereich in der Nähe ab und ertastete schließlich etwas Rundes. Der Ring!

Jeff Röckelein
Standgericht

»Aus welchem Grund bringt man einen Menschen um, den man gar nicht kennt, Herr Heym?«, fragte die Frau.

Sie setzte sich auf den Holzboden der umgestürzten Schubkarre. Mit der schlammbespritzten Stiefelspitze schob sie einen Fetzen Heu zur Seite und stellte ihren Rucksack auf die Erde. Den Revolver legte sie neben ihren rechten Oberschenkel. Sie fingerte ein Sturmfeuerzeug aus der Lederjacke und zündete sich ein Zigarillo an, einhändig und mit der Linken.

»Ich bin nicht Herr Heym«, polterte der Mann. »Mein Name ist Menzel.«

Die Frau sah ihn an, rauchte und stippte Asche zu Boden.

»Beantworten Sie meine Frage«, sagte sie, beugte den Oberkörper vor und stützte die Ellbogen auf die Knie. Durch die torkelnde Rauchsäule, die von ihrer Hand aufstieg, studierte sie den Mann, der drei Meter vor ihr auf der Ladefläche des Brückenwagens kniete. Einen kantigen Schädel hatte er, mit noch immer vollem, meliertem Haar und einer kahlen Stelle auf der Seite. Eine hohe Stirn und ein glatt rasiertes Gesicht mit akkuratem Menjoubart. Große Ohren, eine Boxernase und auf der linken Backe einen diagonalen Schmiss bis zum Mundwinkel. Die Farbe der Augen war nicht zu erkennen, die Brauen fehlten. Herrischer Unterkiefer, kräftiger Hals, breite Schultern. Olivgrüner Pullover unter dem offenen Kleppermantel; dunkle Jagdhose aus steifem Tuch und an den Füßen Galoschen mit niedergetretenen Fersen.

Woher weiß sie meinen Namen?, überlegte der Mann, der sich seit vierunddreißig Jahren Wolfram Menzel nannte. *Wie hat sie mich gefunden?*

»Sie können hier nicht rauchen!«, unterbrach er nach einer Minute das Schweigen. *Paffende Weiber* waren ihm ein Gräuel.

Der Aprilregen platterte aufs Dach, und durch die Ritzen der silbergrau verwitterten Bretter zog es. Am Stützbalken neben der Frau, auf Höhe des Zwischenbodens, brannte eine mit Vogelkot bedeckte Vierzig-Watt-Birne und warf einen müden Schein auf ihre nasse Kombi. Die Frau inhalierte, entließ den Rauch abwechselnd durch Nase und Mund und wartete.

»Mein Name ist Menzel. *Ich* habe niemanden umgebracht«, sagte der Mann gallig und machte eine Kopfbewegung hinüber zum Scheunentor, wo, neben seinem grauen Schäferhut und dem eisernen Schürhaken, Goebbels und Ramcke in ihrem Blut lagen.

Die Frau klemmte das Zigarillo in den Mundwinkel, hob den Rucksack hoch und stellte ihn auf ihr Knie. Sie zog den Reißverschluss der Vordertasche auf und holte ein postkartengroßes Foto heraus. Sie ließ den Rucksack zu Boden gleiten, ging zu dem Mann hinüber und hielt ihm das Foto vors Gesicht.

»Der hier könnte Ihr Letzter gewesen sein«, sagte sie.

»Kenn ich nicht«, sagte der Mann gleich. Er reckte das Kinn und starrte über den Kopf der Frau hinweg auf die hintere Bretterwand.

Sie nickte, legte das Foto vor ihn auf den Wagenboden und ging zurück zu ihrem Platz.

»Wir haben Zeit«, sagte sie, rauchte das Zigarillo zu Ende und zertrat den Stummel. Regenwasser und kleine

Lehmbatzen tropften vom Motorrad auf die Erde und machten dunkle Flecken. Eine Wildtaube schwebte durch die Firstluke herein und ließ sich flügelschlagend im Dachgebälk nieder.

»Mir ist kalt«, sagte der Mann. »Können wir nicht ins Haus?«

Wo im Küchenschrank seine Pistole lag.

»Nein«, sagte die Frau, streckte die Beine vor und stützte sich nach hinten ab. »Das mit der Kälte gibt sich bald. Überlegen Sie sich lieber eine Begründung, warum Sie es getan haben.«

Vor zwanzig Minuten war sie mit der gestohlenen Enduro in den Hof bei Wartmannsreuth gefahren. Das frei stehende Gehöft lag achthundert Meter abseits der Straße am Hang und umfasste, neben einer verwilderten Obstbaumplantage und einem zerfallenen Backofen, zwei Gebäude: ein hundert Jahre altes Wohnhaus, an dessen verzogenem Fachwerk man sehen konnte, wie es sich seinem Ende zuneigte; zehn Meter entfernt davon und auf gleicher Höhe stand die Scheune, die einst als Heuschober und Pferdestall gedient hatte und jetzt die Garage für den Opel Rekord der »Menzels« abgab.

Die Frau war durch den Wald und über den Hohlweg vom Buchenbühl heruntergekommen und, ohne anzuhalten, durch das offene Rolltor hineingefahren. Sie hatte die Yamaha gewendet und auf den Seitenständer gekippt, schnell den Helm und die roten Regenhandschuhe abgenommen und auf den Sattel gelegt. Sie hatte den Hahn des Revolvers gespannt und im Torschatten auf ihn gewartet.

Gerwig Heym war gerade am Küchentisch in den Artikel über die vor zwei Tagen verstorbene »Grete« Garbo vertieft gewesen. Zum Nachruf des *analphabeten Schniggls* Mosche Weintraub gab es ein Porträtfoto von ihr als Mata Hari, das ihm schmerzlich vor Augen führte, warum die Schwedin für ihn und die Männer seines Jahrgangs auch jetzt noch die schönste Frau der Welt war. Diese Augen, dieser Mund, diese Hände! Diese sündenwerte Makellosigkeit, diese deprimierende Unerreichbarkeit! Die Göttliche war der Maßstab gewesen. An ihr wurde die irdische Konkurrenz gemessen – bezopfte, langrockige und unerotische, dafür gebärfreudige »Mädel«, so eben noch erträgliches Mittelmaß für den Alltag.

Das ungewöhnliche Motorengeräusch und dessen abruptes Verstummen hatten ihn stutzig gemacht. Er war mit den Hausschuhen in die Galoschen gestiegen, hatte Mantel und Hut vom Haken genommen, Goebbels und Ramcke von ihrem Ofenplatz aufgescheucht und war mit ihnen und dem Schüreisen in der Hand zur Scheune gegangen.

Warum zum Teufel hast du nicht gleich die Walther eingesteckt?, ärgerte er sich. *Deine Kopflosigkeit bringt dich noch mal um, alter Depp.*

Die Frau hatte sofort die Rottweiler erschossen, den heiser bellenden Goebbels zuerst und den zähnefletschenden Ramcke im Sprung gleich hinterdrein. *Zwei Schuss für jeden* hatte die Stümperin benötigt, wie Herr Heym voller Verachtung registrierte. *Man sollte sie wegen Tierquälerei anzeigen!* Sie hatte den Mann bäuchlings auf die Erde gezwungen und ihm mit einem Kabelbinder die Hände auf den Rücken gefesselt. Anschließend wurde er von ihr auf den alten Heuwagen kommandiert, »auf die Knie!« Danach schob sie das Tor zu und legte den Eisenriegel um.

Sie musste ihn sorgsam ausspioniert haben. Sie wusste offenkundig, dass seine Schwester wie jeden Freitagvormittag nach Hammelburg zum Einkaufen gefahren war und in frühestens drei Stunden zurückkehren würde. Sie musste zudem wissen, dass der Hof nicht mehr bewirtschaftet wurde und dass außer den beiden niemand hier wohnte. Und sie hatte vor Kurzem die Scheune inspiziert und ein paar Sachen verändert. Der Wagen, auf dessen Boden Herr Heym kniete, hatte früher in der Ecke und nicht im Gang zwischen den Boxen gestanden; die Seitenteile waren entfernt worden, und die Deichsel zeigte nach hinten. Am Karabinerhaken des Heuaufzugs hatte jemand die Greifzangen ausgehängt; sie lagen jetzt auf der Erde beim Reisigbesen.

Sie war eine mittelgroße, hagere Frau; *flach wie ein Brett,* höhnte es in Herrn Heyms Kopf. Die zerdrückten brünetten Haare trug sie kurz geschnitten; sie hatte Sommersprossen und einen kleinen Mund, verbitterte drei Zentimeter schmal, mit blassen, dünnen Lippen; die Augen lagen dicht beieinander, die Wangen waren eingefallen.

Eine *sauertöpfische Physiognomie,* befand Herr Heym, vermutlich *aufgrund von kärglicher Kost. Gattung frustriertes Weibsbild. Verhärmt von der Freudlosigkeit ihrer Mission und angekränkelt von der Blässe ihrer Gedanken,* dachte er, der als Oberprimaner Referate über Flex, Jünger und Rilke halten musste und für seinen altklugen Sprachgebrauch gelobt wurde. *Keinen Kerl abgekriegt, keine Kinder zur Welt gebracht, keine Ahnung vom wirklichen Leben,* da war er sich sicher. So was sieht man gleich als Mann. *Hat Mundgeruch und will jetzt – was? Rache? Gerechtigkeit? Rechnungen begleichen? Und anschließend – fährt sie nach*

Hause und hat die Welt verbessert? Ist glücklich und schläft
gut? Und mit der Verdauung klappt's dann auch wieder?

Seine Knie begannen zu schmerzen. Mit fünfundsieb-
zig ist man nicht mehr der Jüngste. Der Ischiasnerv im Rücken, die Gicht in Fingern und Zehen und das Rheuma, das
er aus dem Krieg mitgebracht hatte. Aus Russland, wo sie
im Winter auf der blanken Erde unter ihren Panzern schliefen und mit ihren viel zu dünnen Uniformen im Schnee
umherhüpften, wenn die Kette abgesprungen war, schon
von Weitem sichtbar wie schwarze Karnickel auf einem
weißen Präsentierteller. Wo im Sommer '43 sein Tiger bei
der Schlacht von Prochorowka – als der Russe die Kursker
Front durchbrechen wollte, was ihm aber nicht gelang, weil
die deutschen Panzer weiter schossen als die T-34 –, von
einer Fliegerbombe der eigenen Leute, der sogenannten
Luftwaffe des *fetten Großmauls und Operettenbuffos* Göring,
erwischt und der Oberleutnant Heym als vermeintlich Toter begraben, aber, weil sein Funker ein Gliederzucken bemerkt hatte, wieder ausgegraben und mit einem Splitter im
Kopf ins Lazarett nach Charkow gebracht worden war.

Danach hatte man ihn zum Hauptmann befördert,
und zusätzlich zum EK I, das er schon seit dem Frank-
reichfeldzug besaß, wurde er noch mit dem Panzer-
kampfabzeichen und dem Verwundetenabzeichen in
Silber ausgezeichnet. Er kam in eine Genesungskompa-
nie, und weil er nicht mehr als kriegs-, sondern nur noch
als arbeitsverwendungsfähig eingestuft wurde, beorderte
man ihn als Taktiklehrer an die Infanterieschule. Im Fe-
bruar 1945 avancierte er zum Major und erhielt das Kom-
mando über den Auffangstab der VII. Armee.

Den Splitter hatte er noch immer im Schädel; ihn
herauszunehmen, hielt man für zu riskant. Manchmal

bekam er Kopfschmerzen und Lähmungen im Gesicht. Dennoch: Vor dieser *aufgeblasenen Gans* in seiner Scheune würde er nicht einknicken, auch wenn sie ihren Helm abgenommen hatte, was ja wohl bedeuten sollte, dass es keine Rolle mehr spielte, ob er ihr Gesicht sah oder nicht. Hier ging's um Haltung, auch auf Knien. »Ohne Haltung ist der Mensch bloß eine Portion Quark aus dem Kühlschrank, ein Wurm, der darauf wartet, zertreten zu werden«, pflegte er seine Untergebenen anzuschnauzen. Unmöglich zu sagen, wie oft er das erlebt hatte: weinende Mütter zu seinen Füßen, die um das Leben ihrer Kinder flehten und um ihr eigenes – na gut, bei Frauen konnte man das verstehen. Polnische Dorfbewohner und russische Soldaten, die sich ergeben wollten – nachvollziehbar, weil sie wussten, was sie von denen zu erwarten hatten, deren Motto lautete: *Wir geben den Tod, und wir empfangen ihn.* Am schlimmsten aber waren die *Jammerlappen* von der eigenen Truppe, *Drückeberger, Deserteure, Feiglinge*, die die Hosen voll hatten und anfingen zu greinen, sobald die Gerechtigkeit ihren Lauf nahm.

»Noch mal, Herr Heym«, sagte die Frau. »Mit welcher Begründung haben Sie ihn umgebracht?«

Katrin Seuß war fünfundvierzig Jahre alt und in Lohr am Main aufgewachsen. Sie hatte in Westberlin Zeitgeschichte studiert, die Journalistenschule in Hamburg besucht und als Redakteurin bei einem Nachrichtenmagazin gearbeitet. Jetzt schrieb sie als freie Mitarbeiterin für Illustrierten und Zeitungen. Anlässlich einer Buchrecherche über die letzten Kriegstage in Franken war sie auf das »Fliegende Standgericht Heym« gestoßen, das noch im Frühjahr '45 mehr als fünfzig Wehrmachtsangehörige hatte hinrichten lassen, darunter diesen Soldaten auf dem Foto. Nachdem sie bei ihrer Suche fündig geworden war und die Ergebnisse überprüft hatte, löste sie Bausparvertrag und Lebensversicherung auf und absolvierte mit dem Geld einen Personenschutzlehrgang, in Israel, wo die Ausbildung am besten und am teuersten war und niemand sie kannte. Auf der Heimreise kaufte sie in der Schweiz den Revolver.

»Mein Name ist Wolfram Menzel«, wiederholte Gerwig Heym mit Nachdruck. »Ich habe niemanden umgebracht. Sie müssen mich verwechseln.«

Sie seufzte vernehmlich und lang gezogen, blies resigniert die Backen auf, als entließe sie die letzten Moleküle einer von vornherein vergeudeten Nachsicht aus ihrem Körper. Dann zog sie die dumpfe Scheunenluft durch die Zähne und spitzte den kleinen Mund, woraus Herr Heym schloss, dass sie nun theatralisch zum Stegreifstück *Das unwiderrufliche Ende meiner Geduld* überleitete.

»Fritz Gsell hat mir vor seinem Tod noch verraten, wie Sie sich jetzt nennen und wo Sie wohnen«, sagte sie.

Sie holte sich die roten Gummihandschuhe und streifte sie über. Dann entnahm sie dem Rucksack die Laufschlinge mit dem eingespleißten Messingauge am einen und dem Stahlring am anderen Ende. Sie legte das Seil neben den Revolver und setzte sich wieder auf den Karrenboden.

»Er hat mir bestätigt, dass Sie der Gerichtsherr waren. Dass es zwar manchmal irgendwelche jungen Leutnante gab, die als Ankläger aufzutreten hatten, wie in diesem Fall. Meistens seien aber *Sie* Ankläger und Richter in einer Person gewesen. Verteidiger habe es nie gegeben, und Gnadenerweise waren sowieso nicht vorgesehen.«

Der Obergefreite Gsell. *Dieser versoffene Kriminelle*, dachte Herr Heym. Das sah dieser *Missgeburt* ähnlich. Hat es in sechs Jahren Krieg bloß bis zum *Oberschnäpser* gebracht, *der Herr Cousin*. Für Geld oder eine Flasche Korn tat der alles. Beklaute Tote, knüpfte Leute auf und verriet jetzt sogar seinen eigenen Verwandten, *dieser Judas. Dabei habe ich ihn aus dem Strafbataillon geholt und ihm noch eine Chance gegeben!* Fritz Gsell, Totschläger, Bankräuber und Hundertfünfundsiebziger. *Zustände* waren das damals, *hanebüchen! Schwule* SA-Führer, *schwule* Polizeipräsidenten, *schwule* Henker – kein Wunder, dass das Tausendjährige Reich schon nach zwölf Jahren am Ende war.

Bevor er starb? War der jetzt auch schon tot? Der hatte doch in einem Schrebergarten bei Hofheim gehaust und Hühner oder Hasen gezüchtet. Winzige Schweißperlen schimmerten auf Herrn Heyms Stirn.

Sein Befehl beinhaltete damals: Durchkämmen eines Streifens von der Eifel bis zum Erzgebirge mit einem Feldjäger-Kommando und Aburteilung nicht verwundeter Soldaten, die behaupteten, als von der Front »Versprengte« auf der Suche nach ihrem Truppenteil zu sein, in Wahrheit aber »Fahnenflüchtige, Aufwiegler und Wehrkraftzersetzer« oder »Plünderer« waren, »Verbrecher« mithin, welchen von dem Fliegenden Standgericht, das den Suchtrupps hinterherfuhr, der Prozess zu machen war, bei sofortiger Vollstreckung des Urteils.

Das für die Hinrichtungen herangezogene Personal war teilweise *unter aller Sau* gewesen, wie sich Herr Heym nur allzu gut erinnerte. Wenn das Urteil, soldatengemäß, auf Erschießen lautete und die Truppe nicht verfügbar war, konnte man ein Peloton aus ein paar Großvätern vom Volkssturm zusammenstellen, von denen wenigstens zwei oder drei einigermaßen zielen konnten. Beim unehrenhaften Erhängen brauchte man zwar nur einen Henker, aber der war oft ein verkommener Alkoholiker oder krimineller Sadist gewesen wie der Obergefreite Gsell, der mit Schnaps oder fünfzig Reichsmark bestochen werden musste und sein Handwerk nicht verstand, weshalb es immer wieder vorkam, dass Exekutionen beim ersten Anlauf nicht klappten.

Das konnte auch bei diesem Unteroffizier der Fall gewesen sein, dessen Foto vor Herrn Heyms Knien lag. Ein junger Kerl, neunzehn, zwanzig vielleicht, ein gesichts- und namenloser Schatten in der Erinnerung des ehemaligen Majors, möglicherweise jener Infanterist, der mit einem Trupp Volkssturm und ein paar Panzerfäusten in einem Tagesmarsch von Weitramsdorf nach Kronach verlegen und dort die Amerikaner aufhalten sollte, es aber mit seinem Häuflein von angeblich fußlahmen Krüppeln gerade bis hinter Mitwitz geschafft und sich über Nacht in einer leeren Scheune einquartiert hatte, woraufhin deren Besitzer, ein schleimiger Selbstverstümmler, der anschließend gleichfalls abgeurteilt wurde, die Feldgendarmen informierte, welche den Truppführer mitsamt seinen Leuten festsetzten und dem Standgericht übergaben. Mit dem Unteroffizier hatte man kurzen Prozess gemacht. Er wurde zum Tod durch Erhängen verurteilt und das Urteil an der Straße bei Gehülz sofort vollstreckt. Der Obergefreite Gsell war allerdings noch erheblich mitgenommen von der Alkoholration des Vorabends. Er fesselte dem Delinquenten die Hände *vor* dem Leib und knüpfte die Halsschlinge so weit, dass dieser beim Stoß vom Wagen hineingreifen konnte, strampelnd am Ast der Eiche baumelte und die Prozedur wiederholt werden musste. Beim zweiten Versuch der gleiche Pfusch. Erst beim dritten Mal glückte es, und der Leichnam blieb zwei Tage unter Bewachung hängen.

»Der Gsell war damals schon ein Säufer«, sagte Gerwig Heym. »Der hat doch am helllichten Tag deliriert.«

Katrin Seuß nickte, stützte den Ellbogen aufs Knie und nahm das Kinn zwischen Daumen und Zeigefinger. Sie sah ihn an und schob die Lippen vor.

»Das gilt dann sicher auch für den Leutnant Bahr, oder?«

Die Frage verblüffte Herrn Heym. *Der Bahr?* Der zeitweilig als sein Gerichtsoffizier und damit auch als Ankläger fungiert hatte, überzeugter Nationalsozialist, der an den Endsieg glaubte, wenn man nur hart genug durchgriff? Misstrauisch sah Herr Heym zu der Frau hin.

»Der Bahr – den haben sie doch 1952 in der DDR zum Tod verurteilt«, stellte er mit Bestimmtheit fest.

»Ja«, sagte Frau Seuß, »zusammen mit Ihnen. Und 1956, zur Feier der großen Abrechnung mit Stalin, hat er die gleiche Amnestie gekriegt wie Sie und ein paar Tausend andere.«

Sie holte sich ein neues Zigarillo und zündete es mit dem Zippo an, mit der linken Hand.

»Ich habe ihn letzte Woche aufgesucht und mir erzählen lassen, wie das alles war, damals.«

Sie machte einen Lungenzug und blies den Rauch durch den rechten Mundwinkel.

»Einen Teufel hat er Sie genannt, Herr Heym. Ein Monster mit einem Dachschaden. Einen Sadisten, der sich einen runterholt, wenn er Leute aufhängt.«

»Das sagt der Richtige«, zischte Herr Heym.

»*Sagte*, Herr Heym«, korrigierte Frau Seuß. »*Sagte*.«

Sie betrachtete ihr Feuerzeug und ließ mit kurzen Bewegungen aus dem Handgelenk die Verschlusskappe auf- und zuklappen. Klick, klack. Klick, klack.

»Also, noch mal von vorn: Mit welcher Begründung genau haben Sie den Unteroffizier umgebracht?«

Klick, klack. Klick, klack.

»Ich steh jetzt auf«, knurrte Herr Heym, verlagerte sein Gewicht aufs linke Knie und zog den rechten Fuß heran.

Die Frau griff augenblicklich zum Revolver und schoss mit durchgestreckten Armen an seinem Kopf vorbei in die Scheunenwand. Er hörte das Spreißeln eines Brettes und roch das verbrannte Waffenöl. Die Taube flatterte mit klatschendem Flügelschlag durch die Luke ins Freie.

Blieb eine Kugel. Vielleicht konnte er sie dazu verleiten, die ebenfalls zu verschießen.

»Noch nicht«, sagte sie und steckte den Revolver in den Nierengurt. Sie behielt Heym im Auge, während sie das Foto vom Wagenboden aufhob und wieder im Rucksack verstaute. Danach nahm sie die Schlinge und ging zu dem Pfosten neben dem Wagen, um den sie das Seilende des alten Heuaufzugs gewickelt hatte. Die Umlenkrollen am Dachbalken befanden sich direkt über Heyms Kopf. Die Frau band den Tampen vom Pfosten los, ließ langsam den Karabinerhaken herab, bis er einen Meter über dem Knienden pendelte, und fixierte das Seil wieder am Pfosten. Sie stieg von hinten auf den Wagen und drückte dem Major den Revolverlauf ans Ohr.

»Also – mit welcher Begründung?«

Gerwig Heym zog die Schultern zurück und warf trotzig den Kopf hoch.

»Kurz vor Kriegsende war vom Oberkommando der Wehrmacht der Befehl zur Sofortjustiz gegen Fahnenflüchtige gekommen«, informierte er sie unwirsch.

»Stimmt«, bestätigte die Frau. »Aber wieso war mein Vater fahnenflüchtig, wenn er den Befehl hatte, einen Trupp Volkssturm von A nach B zu führen?«

Mein Vater. Das war es also. Der Unteroffizier hatte in seinem letzten Fronturlaub noch schnell ein Kind zeugen müssen, damit eine Frau wenigstens ein Andenken von ihm besaß für den wahrscheinlichen Fall, dass er selbst nicht wiederkam.

»Offenbar war er nicht bis B marschiert, sondern hatte sich unterwegs einquartiert. Das war Befehlsverweigerung.«

Katrin Seuß stellte sich vor den Knienden, die Waffe in der herabhängenden Rechten.

»Geht's noch?«, fragte sie aufgebracht und stieß ihm die Stiefelspitze gegen das Kniegelenk. »Wo ist da eine Befehlsverweigerung, wenn der Truppführer fit ist, seine Männer aber nicht mehr weiterkönnen? Was hätte er denn Ihrer Ansicht nach tun sollen?«

Herr Heym verzog das Gesicht.

»Er hätte sie zwingen müssen«, antwortete er barsch. »Er hätte den Anführer der Meuterer erschießen müssen, dann wären die anderen schnell wieder auf den Beinen gewesen. In den letzten Kriegstagen war das so. Wer Befehle nicht befolgte, mit dem wurde kurzer Prozess gemacht. Pflichtverletzungen im Felde wurden nicht geduldet.«

Er sah geradeaus und klang, als repetierte er eine Dienstvorschrift. Uniformierte Sätze in Reithosen mit

Stiefeln; Wörter im Stechschritt, die knallend Orientierung und Sicherheit gaben.

»Was damals rechtens war, kann heute nicht Unrecht sein«, schnarrte er.

Die Frau lachte lauthals los, und Herr Heym sah irritiert zu ihr auf. *Die hat sie nicht mehr alle,* dachte er. *Ich hab's mit einer Irren zu tun.*

»Der gute alte Marinerichter, der sich und den Seinen die Generalabsolution erteilt hat«, sagte sie heiter. »Und ich habe mich die ganze Zeit gefragt, wie lange Sie brauchen werden, bis Sie mir mit diesem Spruch kommen. Hat gedauert, aber trotzdem: Gut aufgepasst, Heym! Kopf funktioniert noch, trotz Dachschaden. Aufstehen!«

Ächzend und wackelig kam er auf die Beine, ein gewichtiger Mensch, eine stattliche Erscheinung trotz gefesselter Hände, nassem Gummimantel und lächerlichem Schuhwerk.

»Und deswegen handhaben wir das so, wie Sie es so korrekt zitierten, Herr Major. Im Merkblatt über Standgerichtsverfahren Ihrer Heeresgruppe war verfügt worden, dass bei Pflichtverletzungen im Felde zehn Jahre Zuchthaus als *Höchststrafe* anzusetzen waren. Sie aber haben die Todesstrafe verhängt. Lautete das Urteil wegen anderer Delikte auf Todesstrafe, wurde *Erschießung* angeordnet. Sie aber haben den Unteroffizier aufhängen lassen wie einen mittelalterlichen Strauchdieb.«

»Was wollen Sie eigentlich, Sie blöde Klugscheißerin?«, fuhr Heym die Frau an. »Ich bin '52 rechtskräftig verurteilt worden und habe meine Strafe verbüßt. Deswegen hat auch die westdeutsche Justiz ihr Verfahren gegen mich einstellen müssen. Niemand kann für dasselbe Delikt zweimal verurteilt werden.«

»Ganz recht, Angeklagter Heym«, sagte Katrin Seuß ruhig. »Ich verurteile Sie auch wegen etwas anderem. Vor genau fünfundvierzig Jahren haben Sie gegen allerhöchste Befehle verstoßen, womöglich sogar gegen einen Führererlass. Und wie Sie selbst sehr richtig sagten: Wer Befehle nicht befolgte, mit dem wurde kurzer Prozess gemacht. Was damals rechtens war, kann heute nicht Unrecht sein. Einen Schritt nach vorn – Ausführung!«

Heym gehorchte. Vertrauter Tonfall, vertraute Reflexe. Sie trat hinter ihn, warf ihm die Schlinge über den Kopf, zog sie zu und hängte den Ring im Karabinerhaken ein. Sie sprang vom Wagen und stellte sich vor Heym hin.

»Gerwig Heym, ich verurteile Sie wegen Ungehorsams im Felde zum Tod durch den Strang.«

Katrin Seuß ging nach hinten zur Wagendeichsel. Major Heym hob den Kopf und schob den Unterkiefer vor. Seine Kaumuskeln zuckten, die Stirn glänzte. *Endstation,* dachte er. Und: *Scheiß drauf! WIR geben den Tod – nicht diese pathetische Pissnelke.*

Er spuckte aus und stieß sich von der Kante des Brückenwagens ab. Er sackte einen halben Meter nach unten, und das Seil straffte sich im Nu. Der Halswirbel knackte, Galoschen und Hausschuhe fielen auf die Erde. Seine Zehenspitzen schwangen knapp über dem Boden, das Kinn lag fast auf der Brust.

»Ich glaub es nicht!« Katrin Seuß fluchte und durchsuchte ihre Hosentaschen, während sie nach vorn eilte. »Dieser Saukerl!«

Sie hielt den pendelnden Körper fest und durchschnitt mit dem Springmesser die Handfessel. Sie steckte die Plastikreste ein und hob die Zigarillostummel auf. Dann schaltete sie das Licht aus und rollte das Scheunentor zur Seite. Sie setzte den Helm auf und schob ihre Maschine ins Freie. Mit dem Reisigbesen verwischte sie Asche, Fuß- und Reifenspuren, schloss das Tor und fuhr auf demselben Weg zurück in den Wald. Kalter Regen lief ihr über den Nacken in die Montur und ließ sie frösteln. Oben auf dem Buchenbühl hielt sie an und trocknete ihr beschlagenes Helmvisier mit einem Tempo. Sie sah hinunter zur Scheune und fragte sich, ob es nicht besser gewesen wäre, sie in Brand zu stecken.

Bei Schweinfurt entfernte sie die Patronen aus der Trommel und warf sie und die Waffe an unterschiedlichen Stellen in den Main. Die Yamaha fuhr sie in der Nacht in einen Steinbruch bei Haßfurt, schraubte das Kennzeichen ab und zündete sie an. Sie stieg in den Leihwagen um und entsorgte Motorradbekleidung, Nummernschild und Rucksack auf Parkplätzen der Maintalautobahn. Südlich von Bayreuth bog sie auf die A9 nach Norden. Bei Münchberg wurde der Regen stärker, und hinter Hof musste sie die Nebelleuchten zuschalten.

Die Arbeit war getan. Die Anspannung löste sich langsam, aber nicht vollständig. »So ein Schwein«, schimpfte sie vor sich hin und schlug mit der Hand aufs Lenkrad. »So ein gottverdammtes Schwein!«

Die Scheibenwischer kämpften gegen Gischtfahnen und Wasserfontänen. Sie dirigierte den Luftstrom des Gebläses voll auf die Windschutzscheibe und drückte mit dem Sendersuchlauf den geschwätzigen Frankensender weg. Mit der Rechten schüttelte sie ein Zigarillo aus der Packung in der Ablage und tastete vergeblich nach dem Anzünder. Plötzlich zuckten überall orangene und rote Lichter durch die Nacht. Zehn Meter vor ihr tauchte das riesige Heck eines Tanklasters auf. Sie erkannte zu spät, dass der Verkehr auf allen Fahrspuren stand.

Roland Spranger
C

In echt ist Crystal nicht blau. Das gibt's nur im Fernsehen, denkt sie. Oder ich hab noch nie wirklich gutes Zeug erwischt.

Manchmal ist es nicht mal kristallin, sondern milchig. Auch die miese Qualität ist immer noch gut genug. Eine Line C wirkt wie fünf Lines Speed.

Bewegungsdrang.

Du bist wach. Unwahrscheinlich wach.

Und du hast keine Schmerzen, wenn es wehtun sollte. Deshalb kannst du fast alles machen. Wie ein Scheißsuperheld. Abstürzen und so. Schmerzunempfindlich. Dass nichts wehtut, ist auf jeden Fall die stärkste Superkraft. Zumindest die stärkste passive Superkraft.

Natürlich bleibt es nicht bei einer Line. Ein paar Hits später brennt das Gehirn.

Du kannst siebzig Stunden tanzen, ohne zu schlafen. Du kannst siebzig Stunden ficken, ohne zu schlafen. Du kannst siebzig Stunden deinen eigenen Film drehen. Schnelle Schnitte.

Fühlt sich an wie: Rückwärts die Wasserrutsche runter, während du ein Selfie machst.

Natürlich gibt es ein Danach.

Aber es gibt auch neues Ice.

Ein Schwarm roter Lichter neben der Autobahn.

Nachts sehen die Windräder aus wie ein Ufo-Landeplatz. Schön. Als gäbe es einen Rückzugsort im All, zu dem man flüchten könnte. Nina drückt das Gaspedal durch und zündet sich eine Zigarette an.

Aus dem Autoradio weltraumtaugliche Elektromusik. Tiefe Beats direkt in den Unterleib und hohe Sphärenklänge unter die Schädeldecke.

Auf der nachtleeren Autobahn fühlt sich Nina freier als am Tag. Und sie fährt schneller. Kein Berufsverkehr. Viel weniger Lastwagen. Die Landschaft von der Dunkelheit aufgefressen. Die Scheinwerferkegel gleiten über die Fahrbahnmarkierungen, als würde das Auto schweben.

Traut man der alten Mühle gar nicht zu, denkt Nina.

Die Musik wird von Nachrichten unterbrochen. Krisen. Politiker. Alles, worauf man keinen Bock hat.

Nina sucht einen neuen Sender. Überall Nachrichten. Oder Klassik.

Die Zigarette rutscht Nina aus dem Mundwinkel und fällt ihr in den Schoß. Die Glut freut sich. Es riecht verschmort. Und schnell wird es warm an der Innenseite des rechten Oberschenkels. Als Soundtrack ein gnadenlos strenges Streichkonzert.

Ninas Blick wechselt schnell zwischen der gefräßigen Glut und den kompromisslosen Fahrbahnmarkierungen.

Wild schlägt sie auf die Zigarette, aber eine Sucht wird man so schnell nicht los. Das gibt eine Brandwunde. Verbrecher und Geheimdienste foltern Menschen, indem sie Zigaretten auf ihnen ausdrücken, denkt Nina – obwohl man in so einer Situation keinesfalls denken sollte. Die Zigarette beißt in den Handballen, bevor sie in den Fußraum fällt. Nina schaut genau. Die Glut liegt auf der Gummimatte neben dem Bremspedal.

Dann kracht es. Laut. Nina reißt den Kopf hoch. Das Auto schlingert an der Mittelleitplanke entlang. Stahl fräst über Stahl, während die Streicher unnachgiebig weiterspielen. Irgendwas wird vom Auto abgerissen. Es holpert heftig, als das Teil unter die Räder kommt.

Nina reißt das Steuer herum. Das Auto ist wieder komplett auf der Fahrbahn. Es schlingert quer über die Markierungen. Das Lenkrad macht wilde Sachen, bevor es sich beruhigt. Auf der rechten Standspur zu stehen ist auch nicht sicher.

Scheiße, denkt Nina. Dann drückt sie das Gaspedal durch und fährt weiter.

Bei Selb verlässt sie die Autobahn und biegt im Kreisverkehr auf eine Landstraße ab. Sie fährt in einen Waldweg, hält, steigt aus. Obwohl es dunkel ist, kann sie erkennen, dass das Auto schwer verletzt ist.

Sie holt das Mobiltelefon aus der Hosentasche und wählt Jörgs Nummer.

Bitte geh ran, denkt sie.

Tatsächlich nimmt er das Gespräch sofort an, obwohl das eigentlich nicht seine Art ist.

»Hallo, Kleine.«

»Jörg, du musst sofort kommen. Ich bin auf der Autobahn in die Mittelleitplanke gefahren.«

»Dann blasen wir das Ganze ab. Ruf den ADAC.«

»Kann ich nicht. Ich bin weitergefahren.«

»Fahrerflucht? Das ist doch scheiße.«

»Ich hatte was eingeworfen, als ich losgefahren bin.«

»Konntest du das nicht dieses eine Mal lassen?«

»Musst du mir jetzt auch noch Vorwürfe machen?«

»Wo bist du?«

»Irgendwo in der Pampa bei Selb.«

Durchs Telefon kann Nina hören, wie Jörg nachdenkt. Er atmet dabei mehr durch die Nase als sonst.

»Okay, wir gehen grob nach Plan vor und improvisieren ein wenig. Du fährst über die Grenze nach Tschechien. Auf der deutschen Seite läufst du nur den Schleierfahndern in die Arme. Fahr zum Lidl-Parkplatz in Asch und warte dort. Ich hol dich ab. Dauert circa eine Dreiviertelstunde.«

Nina antwortet nicht.

»Schaffst du das?«, fragt Jörg.

»Logisch.«

»Wo wartest du?«

»Lidl-Parkplatz in Asch.«

»Bau keinen Scheiß.«

Sie will vor ihm auflegen, aber Jörg ist schneller.

Nina schaut sich um. Mit den Fichten spielt der Wind. Sie nimmt das Mobiltelefon in die Linke und stellt die Taschenlampe an. Eine Brandwunde auf der rechten Handfläche. Schaut wie ein Mondkrater aus. Schmerzunempfindlichkeit ist definitiv die stärkste passive Superkraft.

Der Lidl-Parkplatz ist auch mitten in der Nacht hell erleuchtet.

Nina hat das Autoradio nicht angestellt, damit sie hören kann, wenn sich jemand von hinten anschleicht. Zum Beispiel eine Spezialeinheit.

Jörg ist ein Vollidiot, denkt sie, während sie eine Zigarette nach der anderen raucht und den leeren Parkplatz beobachtet. Wie auf dem Präsentierteller. Superplatz, um sich verdächtig zu machen. Schaut aus, wie sich Drehbuchautoren einen Tatort vorstellen. Kein Wunder, wenn gleich eine Polizeistreife neben mir hielte.

Stattdessen fährt Jörgs BMW auf den Parkplatz und bleibt direkt neben ihr stehen.

Jörg lässt die Beifahrerscheibe herunter.

»Fahr mir hinterher«, sagt Jörg.

»Wohin?«

»Zu Ludvig.«

»Ist das eine gute Idee?«

»Hast du eine bessere?«

»Nein.«

»Bleib dicht hinter mir, damit dein kaputter Scheinwerfer nicht so auffällt.«

Nina nickt. Sie ist froh, vom Parkplatz runterzukommen. In Bewegung zu sein. Auf einem Parkplatz kannst du jederzeit umstellt werden. Bewegung ist gut. Nina denkt an ihre Lieblingsgangsterfilme. Bloß nicht stehen bleiben. Kein stehendes Ziel abgeben. Wie Bonnie und Clyde. Zerfetzt von zahllosen Kugeln.

Nina schaut immer wieder in den Rückspiegel.

Sie schwitzt. Sie kann ihren eigenen Körper riechen. Der ganze Innenraum ist angefüllt mit ihrer Angst. Kann sie nicht brauchen. Sie dreht die Lüftung höher, um die Angst zu vertreiben, aber der Angstgeruch bleibt hartnäckig da.

Nina sucht einen Sender mit Musik, die auf ihrer Seite ist. Schließlich landet sie bei *Ultraviolence* von Lana Del Rey. Laut singt sie den Refrain mit. Nina weiß, dass man keine Angst haben kann, wenn man singt. Irgendwas Neurobiologisches im Hirn. Passiert ganz von selbst, wenn man singt. Deshalb hat man auch keine Angst, wenn man singend in den Keller geht, obwohl man weiß, dass sich das Monster dort versteckt hat. Oder unter dem Bett.

Singend fährt Nina dicht auf. Keine Chance, wenn plötzlich ein Reh auf die Straße springt. Der Bremsweg hält keinen Sicherheitsüberlegungen stand, aber vielleicht fällt den entgegenkommenden Autos nicht auf, dass ihr linker Scheinwerfer zertrümmert ist, wenn sie in Jörgs Windschatten fährt. Als entgegenkommende Autos stellt sich Nina Polizeistreifen vor. Kleine Kinder glauben, dass sie unsichtbar sind, wenn sie sich die Hände vor die Augen halten. Nina wäre gerne in einem Alter, in dem man unsichtbar werden kann.

Sie braucht dringend eine neue Line.

Die letzten Meter zu Ludvigs Haus geht die Landstraße in einen Schotterweg über. Kleine Steine klacken gegen das Bodenblech. Die Fichten am Straßenrand schauen im Scheinwerferlicht aus wie Skelette. Mit ein bisschen Chemie könnte ich ihre Farbe verändern, denkt Nina. Nur ein klitzekleiner Hit würde genügen.

Als Jörg in die Einfahrt einbiegt, flammen die von Bewegungsmeldern gesteuerten Halogenleuchten auf. Nina kneift die Augenlider zusammen. Die Augen müssen sich an das grelle Licht gewöhnen. Sie fährt hinter Jörg auf den Hof und wartet. Jörg bleibt ebenfalls im Auto sitzen.

Ludvig tritt aus dem Haus und schaut sich um. Die rechte Hand hat er unnatürlich hinter seinem Rücken versteckt. Dann steckt er, was er hinter sich verborgen hat, in seinen Hosenbund und geht auf Jörgs Auto zu.

Jörg steigt aus und unterhält sich mit Ludvig. Beide schauen in Ninas Richtung. Dann reden sie noch einmal kurz miteinander. Ludvig macht ein paar Schritte nach vorn und winkt Nina in die Richtung, in die sie fahren soll. Große Bewegungen, wie sie ein Bodenlotse bei einem Flugzeug machen würde. Nina gibt vorsichtig Gas. Schrittgeschwindigkeit. Ludvig öffnet das Tor einer großen Garage, und Nina fährt hinein. Jörg geht ihr nach, und Ludvig schließt hinter sich das Garagentor. Jörg öffnet die Fahrertür. Nina steigt aus.

Alle drei gehen um das Auto. Es schaut schlimm aus. Die ganze linke Seite ist verwundet.

»Wir sollten der Karre den Gnadenschuss geben«, sagt Jörg.

Ludvig schüttelt den Kopf.

»In Nordafrika fahren sie noch jahrelang mit solchen Autos. Hauptsache, der Motor ist okay. Und das Getriebe.«

»So eine Scheiße!«, brüllt Nina und tritt gegen das Auto. Einmal. Zweimal. Noch einmal.

Ludvig schaut Jörg an.

»Du hast gesagt, sie kriegt es auf die Reihe.«

»Tut sie.«

Nina hätte Lust, wieder gegen das Auto zu treten, aber sie hält sich zurück.

»Das Nummernschild fehlt«, sagt Ludvig. »Das ist sehr schlecht.«

Jörg geht zur Vorderseite des Autos. Nina folgt ihm. Die Stoßstange mit dem Nummernschild ist abgerissen.

»Ich hab nicht gemerkt, dass es weg ist«, sagt Nina.

Ludvig und Jörg schauen sie an. Ludvig zweifelnd. Jörg irgendwie müde.

»Und was hätte ich machen sollen? Über die Autobahn laufen und es einsammeln?«, schreit Nina.

»Beruhig dich mal«, brummt Jörg.

»Ich bin beruhigt. So beruhigt, wie es geht.«

Ludvig mustert immer noch die Stelle am Auto, an der eigentlich das Nummernschild sein müsste.

»Sie werden nach dem Auto suchen. Und nach ihr. Sehr schlecht.«

Ludvig lässt seinen Blick vom Auto über Nina zu Jörg wandern.

»Deshalb lassen wir das Auto ja in deiner Garage«, sagt Jörg.

»Wenn sie das Auto in meiner Garage finden: sehr schlecht.«

»Dann sorg dafür, dass es hier schnell wieder verschwindet. Wir melden es morgen in Deutschland bei der Polizei als gestohlen. Du kannst es weiterverticken. Kriegst die Hälfte.«

»Siebzig Prozent.«

»Siebzig Prozent?«

»Das Risiko. Sehr schlecht.«

»Ich hab schon verstanden. Siebzig Prozent.«

Sie gehen aus der Garage. Ludvig löscht das Licht und schließt das Tor. Nina weint. Jörg schaut sie verständnislos an.

»Warum heulst du?«

»Ich mochte das Auto. Wirklich. Manchmal merkt man es erst, wenn es vorbei ist.«

»Blöde Kuh.«

Nina prügelt mit geballten Fäusten auf Jörg ein, bis er ihre Handgelenke zu fassen kriegt.

»Ich hol dann mal die Sachen aus dem Haus«, sagt Ludvig.

Nina und Jörg schauen sich in die Augen, während er ihre Handgelenke hält.

»Nimmst du etwa Ice mit?«, fragt sie.

»Klar. Das war ja der ursprüngliche Plan. Bis du ihn mit deinen Fahrkünsten zerschreddert hast.«

»Die suchen nach mir.«

»Die fahnden nach deinem Auto, während du bei mir gemütlich auf dem Beifahrersitz lümmelst.«

Ludvig kommt aus dem Haus. In der einen Hand eine Plastiktüte, in der anderen einen Karton. Jörg öffnet den Kofferraum. Ludvig übergibt Jörg den Karton und stopft den Plastikbeutel zum Ersatzreifen.

»Ist es diesmal blau?«, fragt Nina.

»Sehr witzig«, antwortet Ludvig, ohne eine Miene zu verziehen.

Jörg holt aus dem Karton eine Pistole und betrachtet sie von allen Seiten.

»Was ist das?«, fragt Nina mit einem schrillen Unterton in der Stimme.

»Eine Ceská«, sagt Ludvig. »Sehr gute Qualität. Die Chinesen bauen sie nach. Sogar die Amerikaner.«

Nina schaut Jörg streng an. So wie es Frauen in Dokusoaps machen. Jörg beachtet sie nicht. Er lächelt die Waffe in seiner Hand an.

»Wofür brauchst du die?«

»Für die Zombie-Apokalypse.«

Jörg wirft Ludvig den leeren Karton in die Hände und steckt sich die Waffe in den Hosenbund. So, dass sie von seiner Jacke verdeckt wird. Er zupft ein paarmal am Saum und betrachtet zufrieden das Ergebnis. Dann zieht er die Waffe schnell heraus. Steckt sie wieder hinein. Zieht wieder. So lange, bis sich die Geschwindigkeit professionell anfühlt.

Bevor er das Auto startet, stöpselt Jörg sein Handy an den Player. Eddie Vedders Soundtrack zu *Into the Wild*. Jörg findet, dass die Landschaft damit größer wird. Nina ist der Meinung, dass die Landschaft schon groß genug ist.

»Das beruhigt, Kleine«, sagt Jörg.

Auf dem Rückweg fahren sie wieder am Lidl-Parkplatz in Asch vorbei. Er ist immer noch hell erleuchtet.

An der Grenze wird man seit Jahren nicht mehr kontrolliert. Die Schranken sind weg. Die Wachhäuschen stehen noch, aber die Jalousien sind heruntergezogen. Jörg macht die Musik lauter, als er an ihnen vorbeifährt.

Nina schaut auf die Fahrbahnmarkierungen. Auch so ein Versuch, das Leben zu ordnen, denkt sie.

Hinter ihnen leuchtet ein Blaulicht auf. Jörg schaut in den Rückspiegel und liest den Schriftzug:

»STOP! POLIZEI.«

Nina dreht sich um. Sie sieht den Schriftzug spiegelverkehrt, aber egal, wie rum man liest: Es ist scheiße.

»Und jetzt?«, fragt Nina.

»Bleib cool.«

»Ich bin cool. Und sonst?«

»Frag dich: Was hätten Bonnie und Clyde gemacht?«

»Bonnie und Clyde sind tot.«

Jörg fährt in eine Parkbucht raus.

Das Polizeiauto bleibt hinter ihnen stehen. Beide Türen öffnen sich. Zwei Polizisten mit Taschenlampen gehen auf Jörgs Auto zu. Die freie Hand haben sie an ihrer Pistole. Zuerst sind die Polizisten in den Außenspiegeln klein zu sehen, dann werden sie größer, und schließlich leuchten sie von links und rechts in das Auto.

Jörg lässt die Fahrer- und die Beifahrerscheibe nach unten.

»Guten Abend. Fahrzeugkontrolle. Führerschein und Fahrzeugpapiere.«

Jörg klappt den Sonnenschutz nach unten, holt die Dokumente heraus und übergibt sie.

Der Polizist an der Fahrertür geht mit den Papieren weg und verschwindet damit im Polizeiauto.

»Ich muss mal für kleine Mädchen«, sagt Nina durch das Beifahrerfenster.

»Bitte bleiben Sie im Fahrzeug.«

»Ich muss wirklich ganz dringend.«

Nina reißt die Tür auf. Dabei trifft sie den Polizisten am Bein. Sie stürzt an ihm vorbei. Einen kleinen Abhang nach unten. Der Polizist leuchtet ihr mit der Taschenlampe hinterher.

Jörg springt aus dem Auto, zieht die Ceská aus dem Hosenbund. Der Kopf auf der anderen Seite des Autodachs dreht sich zu ihm. Jörg schießt mitten in ihn hinein. Dann dreht er sich zum Polizeiauto und schießt mehrmals dorthin, wo der andere Polizist sitzen muss. Die Frontscheibe splittert.

Nina stolpert über ein Feld.

»Bleib stehen, blöde Kuh!«, ruft ihr Jörg hinterher.

Langsam geht sie zurück. Sie muss einen Schritt über den am Boden liegenden Polizisten machen, als sie wieder einsteigt. Bloß nicht so genau hinschauen, denkt sie ...

Jörg startet das Auto. Quietschende Reifen. Niemand verfolgt sie.

»Bonnie und Clyde«, sagt Nina.

Jörg fährt zu schnell durch den Kreisverkehr, dann auf die Autobahn. Er drückt das Gaspedal voll durch. Mit Tempo zweihundert rasen sie über den Asphalt.

»Wir müssen uns vielleicht ein neues Leben ausdenken«, sagt Jörg.

Nina nickt.

»Bei einem neuen Leben bin ich dabei.«

Nina ist nicht sicher, ob sie sich ausgerechnet mit Jörg ein neues Leben vorstellen kann. Sie sieht die blinkenden Lichter der Windräder vor sich. Ein Ufo wäre nicht schlecht.

Jörg verlässt bei der übernächsten Ausfahrt die Autobahn und fährt in die entgegengesetzte Richtung bis zur nächsten Ausfahrt. Das Auto ist zu schnell für die steile Kurve, aber Jörg kriegt das Fahrzeug unter Kontrolle und brettert auf die Bundesstraße.

Nina versucht sich irgendwo festzuhalten.

Sie sind auf der Gegenfahrbahn.

Vor ihnen ein Sattelzug.

Sehr nah.

Der blendet die Scheinwerfer auf.

Hupt.

Wieder die Scheinwerfer.

Dann kracht es. Und alles verschiebt sich. Das Fahrzeuggestell. Die Knochen.

Jetzt holt uns das Ufo ab, denkt Nina.

Fränkischer Krimipreis 2015
für Nachwuchsautoren

Gewinnerbeiträge

NÜRNBERGER
Nachrichten

ars vivendi ®

Georg Körner

Das Grab, so kühl und nass

Langsam ließ sich Anne ins Wasser gleiten. Sie spürte, wie sich ihre Haut zusammenzog, und atmete kräftig aus. Ihre Unterlippe zitterte leicht. Das Wasser erreichte ihre empfindlichste Stelle, am Bauch, etwa zehn Zentimeter unterhalb des Nabels. Das war der schlimmste Moment. Sie lief weiter, bis nur noch die Schultern und der Kopf aus dem Wasser sahen. Der sandige Untergrund war nun schlammig und schmierig geworden. Dieser Matsch drückte sich zwischen ihre Zehen hindurch. Sie zog die Füße hoch und machte schnell einige kräftige Schwimmzüge. Ihre Arme paddelten heftig nach hinten, wie um die Kälte von ihrem Körper abzuwehren. Aber bereits zehn Meter weiter wurden ihre Bewegungen langsamer. Mit gleichmäßigen Zügen glitt sie über den absolut ruhigen See. Jetzt spürte sie die Kälte nicht mehr so intensiv, dafür machte sich das Gefühl von Glück und Zufriedenheit in ihr breit. Sie sah sich um und freute sich darüber, dass sie sich wieder überwunden hatte, in der ersten Morgendämmerung aufzustehen und hierheraus zum See zu fahren. Jetzt war es vielleicht kurz nach sechs Uhr. Von der Sonne sah sie nur einzelne Strahlen, die durch die Bäume drangen, gut sichtbar gemacht durch den Dunstschleier, der sich an dieser Ecke des Sees noch gehalten hatte. In diese Richtung schwamm sie entlang des Südufers, an dem sich ein lichter Hain von vielleicht zwanzig feingliedrigen Birken befand. Diese Bäume hatten dem See, einer ehemaligen Sandgrube, wohl seinen Namen gegeben, dachte sie, als sie daran vorbeischwamm. Der Himmel war schon hell, und sein Blau wurde langsam kräftiger. Die Vögel zwitscherten, als hätten sie sich nach der langen Nacht besonders viel zu erzählen. Anne schloss ihre Augen und achtete darauf, wie das Wasser an ihrem Körper entlangstrich. Sie konnte dies sehr genau spüren, denn sie war wieder völlig nackt. Ein herrliches Gefühl. Die ersten Male, als sie zu Beginn des Sommers morgens hierhergekommen war, hatte sie sich das nicht getraut. Sie war auch anfangs etwa zwei Stunden später losgefahren. Aber bereits um acht Uhr trafen andere Menschen am Birkensee ein. Zweimal traf sie auf einen Sportler, der mit Neoprenanzug schier unaufhörlich den See auf und ab schwamm. Es schien, als würde er mit dem Wasser kämpfen. Wie konnte man diese Idylle nur so missbrauchen, dachte sie, als sie in den leichten Dunst hineinschwamm, den sie vorhin nur von Weitem gesehen hatte. Morgens um sechs hatte sie Ruhe. Sie hatte gelegentlich Tiere am Ufer gesehen, aber die störten nicht.

Anne erschrak, als sie etwas an ihrem Oberschenkel berührte. Es fühlte sich an, als hätte sich kurz etwas an ihre Haut geklebt. Doch dann lächelte sie, denn sie wusste, dass es sich um die Wasserpflanzen handelte, die an dieser etwas flacheren Seite des Sees bis knapp unter die Seeoberfläche wuchsen. Sie konnte diese Pflanzen, die in ihrer Fantasie wie Hände nach ihr griffen, anfangs nicht leiden. Auch jetzt war der erste Kontakt immer noch mit einer leichten Abscheu verbunden. Sie schloss die Augen. Die fast braunen Blätter berührten sie immer wieder an Bauch und Beinen. Eigentlich ganz angenehm. Streicheleinheiten. Je mehr es auf das Ende des Sommers zuging, desto höher und dichter wurden die Pflanzen, der Kontakt erfolgte immer häufiger. Sie folgte den Konturen des Sees und war bald über die Stelle mit den Wasserpflanzen hinweg. Anne schwamm im Bogen, bis sie wieder in Richtung ihrer Einstiegsstelle unterwegs war. Inzwischen konnte sie die benötigten dreißig Minuten für die ganze Runde bequem ohne Anstrengung schwimmen und die Natur genießen. Etwas mehr als die Hälfte hatte sie jetzt hinter sich. Eine Bewegung an der Stelle, an der sie ins Wasser gegangen war, ließ Anne aufmerksam werden. Ein Tier? Sie versuchte Genaueres zu sehen, aber die Entfernung und der leichte Dunst über dem Wasser machten es nicht leicht. Doch, da war jemand am Ufer, mit einem Kinderwagen oder Ähnlichem vor sich. Das Gespann bewegte sich jetzt langsam Richtung Wasser. Anne wich von ihrem Kurs ab, näherte sich dem Ufer, tastete mit den Füßen nach Grund und stand endlich ruhig im Wasser. Sie blieb so weit unten, dass nur die Hälfte ihres Kopfes aus dem Wasser sah, gerade dass sie mit der Nase atmen konnte. Sie war zwar weit entfernt, wollte aber auf keinen Fall entdeckt werden. Jetzt, fest stehend, konnte sie etwas besser sehen. Die Person mit dem Wagen hatte jetzt das Wasser erreicht. Sie lief einfach weiter, bis das Wasser zu den Schultern reichte. Anne blieb das Herz fast stehen. Es würde sich doch hoffentlich nicht um einen Selbstmörder handeln, schoss es ihr durch den Kopf. Sie könnte dann kaum etwas tun, selbst wenn sie um den See rannte, würde sie einige Minuten benötigen. Sie überlegte gerade, ob sie sich durch Schreien bemerkbar machen sollte, als die Person wieder größer wurde und Richtung Ufer lief. Dann war die Gestalt aus dem Wasser und lief dem Weg folgend davon. Ohne Wagen, dieser war verschwunden. Anne hielt den Atem an. Was hatte sie da gesehen? Wer versenkte um diese Zeit etwas im See? Und was? Ein ganz schlechtes Gefühl machte sich in ihr breit. Sie stand noch eine Weile da, bis sie merkte, dass sie am ganzen Körper zu zittern begann. Ihr war kalt, und der Mut hatte sie jetzt völlig verlassen. Sie blieb noch eine Weile stehen, um sicherzugehen, dass die Person nicht zurückkam, dann schwamm sie auf direktem Weg in die Richtung, an der sie selbst ins Wasser gegangen war. Endlich näherte sie sich dem Ziel. Sie ging bewusst zehn Meter neben der Stelle aus dem Wasser, an der sie die Person gesehen hatte. Schnell lief sie zum Baum, an dem sie ihre Tasche versteckt hatte, trocknete sich ab und zog sich hastig an. Immer wieder sah sie sich lauschend um, ob noch jemand in der Nähe war. Aber da waren nur die zwitschernden Vögel. Dann ging sie ans Ufer und sah sich den Boden genau an. Nein, es war keine Spur von einem Kinderwagen im Sand zu sehen. Dieser hätte zwei schmale Radspuren hinterlassen. Dafür fand sie eine breite Rad- oder Schleifspur und die Abdrücke nackter Füße daneben, von denen sie nicht sicher sagen konnte, ob es nicht vielleicht ihre eigenen waren, denn sie war vorhin auch hier ins Wasser gegangen. Im See selbst sah sie einige Meter vom Ufer entfernt, dass immer wieder Luftblasen an die Oberfläche kamen. Ja, hier war eindeutig etwas versenkt worden.

Ohne lange zu überlegen, griff sie in ihre Tasche, nahm ihr Telefon heraus und wählte 110. »Hallo! Ja, ich wollte melden, dass hier am Birkensee jemand etwas im Wasser versenkt hat. Ich habe es eben beobachtet. Direkt an der südöstlichen Ecke. Ich finde, Sie sollten hier mal nachsehen.« Schnell unterbrach sie die Verbindung. Erst dann dachte sie daran, wie albern es war, dass sie nicht ihren Namen genannt hatte, aber irgendwie hatte sie während des Anrufes Angst gehabt, dass sich die Polizisten ärgern könnten, wenn sie wegen versenkten Mülls morgens an den See gerufen wurden.

Sie lief gerade in die Richtung ihres Autos, als ihr Handy läutete. »Ja, wer ist da?«

»Spreche ich mit Anne Scherer? Haben Sie eben bei uns angerufen?«, hörte sie den Polizisten sprechen. Klar, natürlich konnte die Polizei bei ihrem Anruf sehen, wem das Handy gehörte, und vermutlich auch sofort feststellen, wo sich dieses im Moment befand. »Ja, ich bin Frau Scherer, und ich habe Sie angerufen«, sprach sie mit schwacher Stimme ins Gerät. »Bleiben Sie, wo Sie sind, in zehn Minuten sind die Kollegen vor Ort«, sagte der Beamte bestimmt.

Aus den zehn Minuten wurden zwanzig, die Anne aber noch länger vorkamen. Ein Streifenwagen fuhr direkt an den See. Kurze Zeit später folgte ein zweiter Wagen, aus dem ein Mann mit Taucherausrüstung stieg. Anne saß etwas abseits auf einer Bank und erklärte einem Polizisten, was sie beim Schwimmen gesehen hatte, konnte aber an den Reaktionen der Personen am Ufer erkennen, dass sie sich nicht getäuscht hatte. Erst kam eine Schubkarre zum Vorschein, dann wurde ein zweiter Gegenstand ans Ufer gezogen, der für allerhand Aufregung sorgte. Es folgten fünf Minuten später ein Krankenwagen und dann ein Leichenwagen. Absperrungen wurden aufgebaut. Obwohl Anne angezogen war und es spürbar wärmer wurde, fröstelte sie noch immer. »Der blaue Ford dort vorne ist Ihr Auto, oder?«, riss sie der

Polizist aus ihren Gedanken. Anne nickte. »Sie wissen aber schon, dass das Befahren des Waldes verboten ist? Der Parkplatz ist oben an der Straße. Sie werden auf jeden Fall mit einer Ordnungsstrafe rechnen müssen.« Anne sah ihn an. Der hat Probleme, dachte sie sich, sagte aber nur leise: »Früher war hier unten ein Parkplatz.« Dann kam ein Mann in Zivil an die Bank getreten und lächelte Anne freundlich an. Seine Worte richtete er an den Polizisten: »Lassen Sie Frau Scherer jetzt gehen, sie ist ja immer noch ganz blass.« Der Uniformierte stand auf und entfernte sich von der Bank. Auch Anne erhob sich. Der Mann hatte eine Karte aus seiner Tasche gezogen und reichte sie Anne. »Wir müssten noch zusammen Ihre Aussage zu Protokoll nehmen. Können Sie morgen gegen neun Uhr ins Präsidium nach Lauf kommen?«, fragte er, den Kopf leicht zur Seite geneigt. Anne nickte stumm.

Zu Hause angekommen, merkte Anne erst, wie sehr sie ihre Beobachtungen mitgenommen hatten. Sie hatte ihre morgendlichen Badeausflüge immer so genossen, und jetzt das. Sie hatte einen Mörder gesehen, als er sein Opfer entsorgte. Was wäre nur geschehen, wenn sie in dem Moment schon nahe am Ufer gewesen und entdeckt worden wäre?

Am nächsten Tag saß sie Kommissar Welsner gegenüber. Dieser hatte sie sehr zuvorkommend behandelt, einen Kaffee angeboten, ihre Schilderung der Vorfälle genau mitgeschrieben und sie dann immer wieder gefragt, ob sie die Person mit der Schubkarre irgendwie beschreiben könne. »Herr Welsner, ich war an der anderen Ecke des Sees, es war dunstig, und meine Augen waren auch schon einmal besser.« Sie schüttelte unbewusst den

Kopf hin und her. »Nein, ich kann Ihnen nicht sagen, ob die Person groß oder klein, Mann oder Frau, dick oder dünn war. Auch die Schubkarre habe ich nicht als eine solche erkannt. Es war einfach zu weit. Tut mir leid, ich hätte Ihnen gerne geholfen.« Welsner schloss kurz die Augen. »Sie waren da wirklich ganz alleine schwimmen? Um sechs Uhr morgens?«, fragte er jetzt bereits zum zweiten Mal. Anne nickte nur kurz, sie hatte ja schon vorhin versucht sich zu erklären. Anscheinend umsonst. »Na gut, ich hatte gehofft, Sie könnten uns etwas mehr sagen. Bitte unterschreiben Sie Ihre Aussage hier unten noch. Ich darf Sie sicher anrufen, wenn ich noch Fragen habe?«

Bereits zwei Tage später war Anne morgens wieder am See. Ihr Auto hatte sie diesmal am Parkplatz an der Straße stehen lassen, sie hatte ihren Badeanzug an und ging an einer anderen Stelle ins Wasser, um wenigstens eine verkürzte Runde zu schwimmen. Den Punkt, an dem die Schubkarre geborgen worden war, mied sie instinktiv. Mit ausreichend Abstand betrachtete sie die Stelle, wo vor zwei Tagen die Leiche versenkt worden war. Da sah sie eine Frau am Ufer auf der Bank sitzen. Sie sah unbewegt in ihre Richtung. Anne schwamm noch ein Stück und sah dann wieder hinüber. Die Frau war weg.

Als sie eine Stunde später in ihre Wohnung trat, klingelte bereits das Telefon. Rasch ging sie hinüber, um abzuheben.

»Hallo?«

»Frau Scherer?«

»Ja, wer ist da?«

»Hier ist Welsner. Kommissar Welsner. Ich habe hier Herrn Peter Münch an meinem Schreibtisch sitzen«, sprach Welsner auffallend langsam und deutlich, um dann keinen Ton mehr von sich zu geben. Anne sagte ebenfalls nichts. Peter? Was in aller Welt will Peter beim Kommissar? Sie suchte in ihrem Kopf nach irgendeinem Zusammenhang, konnte aber keinen finden. Nach schier endloser Stille sprach Welsner:

»Frau Scherer, Sie rühren sich jetzt bitte nicht von der Stelle, ich bin so schnell es geht bei Ihnen.«

Anne stand am Fenster und sah verblüfft, wie gleich drei Streifenwagen vor ihrer Türe hielten. Dann stand Welsner mit vier Uniformierten vor der Türe. »Frau Scherer, dies hier ist ein Durchsuchungsbeschluss für Ihre Wohnung. Bitte geben Sie mir auch den Schlüssel für Ihr Auto, es muss ebenfalls untersucht werden«, er hielt ein Blatt Papier in die Höhe, »dann folgen Sie bitte ohne Aufsehen den beiden Beamten aufs Revier.« Anne trat zwei Schritte zurück. »Was soll das?«, sagte sie abwehrend. Welsner sah sie ruhig an. »Bitte, Frau Scherer, machen Sie, was ich Ihnen sagte.« Anne verstand die Welt nicht mehr. Widerwillig ging sie mit.

Fast drei Stunden saß sie daraufhin im Polizeirevier. Mit einem Uniformierten, der auf ihre Fragen hin immer nur »Bitte haben Sie etwas Geduld, man wird sich bald um Sie kümmern« antwortete. Dann endlich trat Welsner in den Raum. Er setzte sich ihr gegenüber an den Tisch und schaltete ein Aufnahmegerät an. »Bitte überlegen Sie jetzt genau, was Sie sagen, diese Aufzeichnungen können auch gegen Sie verwendet werden.« Anne musste fast lachen. Das konnte doch nur ein böser Scherz sein.

Welsner sah ihr direkt in die Augen. »Sie haben vorhin am Telefon nicht geantwortet, als ich Ihnen sagte, dass Ihr Exfreund Peter Münch bei mir am Schreibtisch sitzt. Warum?«

Anne zuckte die Schultern. »Was hat denn der damit zu tun? Und warum war der da?«

Welsner fragte weiter: »Stimmt es, dass Sie sich vor drei Wochen in Gegenwart von Zeugen heftig gestritten haben? Dass Sie ihm mit Ihrer Handtasche ins Gesicht geschlagen haben?«

Anne lachte. »Und da rennt der drei Wochen später zur Polizei, um zu petzen? Wir haben uns noch am selben Abend getrennt. Ich dachte, ich hätte endlich Ruhe vor ihm.«

»Die haben Sie«, sagte Welsner. Sein Ton hatte jede Freundlichkeit verloren. »Ich wollte am Telefon nur Ihre Reaktion prüfen. Peter Münch ist tot. Er ist die Leiche vom Birkensee. Er wurde mit einem schweren Gegenstand erschlagen und dann versenkt. Sie waren da. In Ihrem Auto wurden Blut und Haare von Herrn Münch gefunden. Außerdem stammt die Schubkarre aus dem Garten Ihres Nachbarn. In Ihrer Wohnung fanden wir einen angefangenen Brief an Peter Münch, in dem Sie ihm das Schlimmste wünschen. Haben Sie dazu etwas zu sagen?«

»Ich habe den Brief in meiner Verärgerung zu schreiben angefangen, hätte ihn aber nie weggeschickt. Peter war ein notorischer Lügner, aber das hat er doch wirklich nicht verdient. Und am See war ich nur schwimmen, das habe ich doch schon ...«, begann Anne.

»Ohne Badesachen, morgens um sechs Uhr? Mit Blut vom Opfer in Ihrem Auto?«

»Aber da kann kein Blut sein. Er war seit über sechs Wochen nicht mehr in meinem Auto. Wenn da was war, dann hat es jemand durch das geöffnete Fenster ins Auto geworfen.«

Welsner sah sie genervt an. Sein Gesicht war blass und angespannt. Sein Kinn war heute Morgen nicht rasiert worden. Er glaubte ihr kein Wort, das stand ihm regelrecht ins Gesicht geschrieben. »Frau Anne Scherer, ich verhafte Sie wegen des Verdachts des vorsätzlichen Mordes an Ihrem Exfreund Peter Münch.«

Anne stand auf. In ihrem Kopf drehte sich alles. Sie öffnete den Mund, aber Welsner war schon halb aus dem Raum.

»Führen Sie sie ab.«

Ein Jahr später. Anne lag auf dem Rücken und hatte die Augen geschlossen. In Gedanken lief sie langsam in den See. Sie konnte das kalte Wasser an ihren Füßen spüren, den Sand zwischen ihren Zehen. Dann erreichte das Wasser ihre Knie, die Oberschenkel und ihre Hüften. Sie konnte spüren, wie sie Gänsehaut an ihrem ganzen Körper bekam. Sie machte noch zwei schnelle Schritte, die Arme nach vorne gerichtet, und schob sich ins Wasser. Sie schwamm. Sie hörte die Vögel zwitschern und sah ein Entenpärchen mit drei Jungen am Ufer, sie roch den See, sie spürte das leichte Blubbern der Luftblasen, die sich beim Schwimmen um ihren Körper bildeten. Das sanfte Streichen des Wassers über ihren Körper war einzigartig, vor allem, wenn sie die Bewegungen kurz stoppte und sich nur durchs Wasser gleiten ließ. Sie schwamm jetzt gleichmäßig und ruhig ihre Strecke im See. Vorbei an den Birken, die gerade saftige hellgrüne Blätter trugen, weiter in Richtung des kleinen Nadelwäldchens, durch den die Sonnenstrahlen drangen, über die Wasserpflanzen hinweg, deren viele leichte Berührungen sie genoss. Sie spürte die Sonnenstrahlen zuerst auf ihrer linken, und als sie den Bogen geschwommen hatte, auf der rechten Wange. Sie kam durch etwas kühlere und dann wieder durch wärmere Stellen im See. Sie war noch immer sehr fit, das Schwimmen strengte sie nicht im Geringsten an. Jetzt war sie an der Stelle, von der aus sie die Entsorgung der Leiche beobachtet hatte. Nein, sie konnte es wirklich nicht sagen, es war einfach zu weit weg gewesen, um Genaueres zu erkennen. Es konnte die Frau gewesen sein, die sie zwei Tage später auf der Bank und später bei der Urteilsverkündung kurz in der letzten Reihe des Gerichtssaals sitzen gesehen hatte. Die völlig unbewegt in ihre Richtung geblickt hatte. Die, wie sie später erfuhr, Peters Freundin war, als sie ihn auf der Party kennenlernte. Es konnte sie gewesen sein – oder auch nicht. Wie auch immer, es hatte niemanden interessiert. Einfach alles sprach gegen Anne. Aber irgendjemand musste das so geplant haben, genau gewusst haben, wann sie da war, wo sie ihr Auto abstellte und wie weit sie schwamm. Irgendwer hatte alles genau geplant. Das blutige Büschel Haare durch den Fensterspalt in ihr Auto zu werfen war teuflisch genial gewesen.

Sie tauchte das Gesicht beim Schwimmen kurz unter Wasser, wie um die bösen Geister zu vertreiben, und schwamm dann ruhig weiter, bis sie das Ufer erreichte. Sie lief aus dem Wasser und freute sich, die warmen Sonnenstrahlen auf der Haut zu spüren. Sie blieb einen Moment stehen und sah sich um. Dann öffnete sie die Augen und blickte auf die Uhr, die neben ihrer Pritsche an der Zellenwand hing. Genau eine halbe Stunde. Wie immer. Es wurde immer besser, inzwischen fühlte sie sich richtig erfrischt, wenn sie geschwommen war, sie spürte auch mit offenen Augen ihre Haut noch prickeln. Die Tränen an ihrer Wange fühlten sich an, als würde das Wasser aus ihren nassen Haaren über ihr Gesicht laufen. Sie wusste, dass sie die nächsten Jahre vom See nur träumen konnte.

Christiane Schuster
Steinschlag

Sieger des Publikums-Votings

Vor unserm Wohnblock steht n Bullenauto. Voll krass, wie schnell die mich gefunden haben. Dabei hab ich echt aufgepasst wegen Spuren und so. Und n bissel geschneit hat's auch, besser konnt's also gar nicht laufen. Na ja, mal abwarten. Ich sag auf jeden Fall nichts, rein gar nichts. War den ganzen Vormittag in meinem Zimmer, und dabei bleib ich, auch wenn die mich foltern. Aber ich glaub, das dürfen die in Bayern gar nicht, nur mit Sondererlaubnis. Aber die Amis machen das manchmal. Ehrlich, ich schwör's, hab ich auf YouTube gesehen. Die tun so, als würden sie einen ertränken. Aber hey, ich kann tauchen und richtig lange die Luft anhalten. An mir beißen die sich die Zähne aus, aber so was von.

Und wenn die Bullen nicht locker lassen, verlang ich nen Anwalt, wie im Fernsehen. Obwohl, gibt's so was auch für Kinder? Anwälte sind ja so reiche, arrogante Fuzzis mit Schlips und fetten Autos. Wollen immer erst Knete sehen, viel Knete, mindestens hundert Euro. Vorher bewegen die sich keinen Millimeter. Aber seit Papa weg ist, sind wir immer pleite. Mama hat gesagt, der bringt alles mit seiner neuen Schlampe durch. Aber das ist seit heute vorbei. Wird alles wieder so wie früher, jetzt, wo die Tusse die Radieschen von unten sieht.

Warum dauert n das so lange? Oder wolln die gar nicht zu mir? Vielleicht parken die hier nur. Jetzt hievt sich einer ausm Auto. Boa, ist der Bulle fett! Das nenn ich mal ne Wampe, Respekt! Wenn der tief Luft holt, gibt's n Megaknall und alle Knöpfe sind ab, so wie die Jacke spannt ... Der Schwabbelbulle fällt mit Sicherheit sofort tot um, wenn der mal zehn Meter rennen muss.

Ich glaub's ja nicht, der zweite Bulle ist ne Frau, schon n bissel älter, aber ne Frau, kurze, blonde Strubbelhaare und dürr wie n Streichholz! Mann, sieht die fertig aus, fast schlimmer als Mama, wenn die mal wieder getankt hat. Aber ne echt coole Lederjacke hat die an.

Nee oder, jetzt raucht der Fettsack erst mal eine, und Strubbel läuft ganz gemütlich auf und ab und glotzt in alle Richtungen. Keine Ahnung, was es in Langwasser zu beäugen gibt. Vorsicht, abtauchen! Sie schaut nach oben und scannt die Fenster. Ob die mich gesehen hat? Ich bleib lieber mal ne Weile in Deckung.

Es klingelt. Verdammt, es klingelt wirklich! Mein Herz pocht wie verrückt, und meine Knie schlottern. Ich linse vorsichtig durch die Gardine. Das Auto parkt immer noch vor unserem Haus, aber die Bullen sind nirgends zu sehen. Ob die die Wohnung stürmen, wenn wir nicht aufmachen, so richtig mit Spezialeinheit und allem Drum und Dran? Glaub nicht, dass die locker lassen und einfach wieder abzischen, so laut wie Mamas Fernseher dröhnt.

Jetzt klingeln die auch noch Sturm und hämmern an die Tür. Ich schleiche ins Wohnzimmer. »Pst, eh, Mama! Da ist jemand ...«

»Wer solln da schon sein?« Sie schaut kurz zu mir rüber und schüttelt den Kopf. »Alles okay? Komm her, Süßer, willstn paar Chips oder ne Coke?« Und dann dreht sie den Fernseher doch leiser und horcht.

»Kann ja mal nachsehen, sind vielleicht Kinder ...«

Wenn die wüsste ... Ich trotte hinter ihr her. Von einem Dach zum nächsten schwingen wie Spiderman und dann ab durch die Mitte, das wär's jetzt.

Mama linst durchs Guckloch. Als sie die Tür aufmacht, baut sich Strubbel vor ihr auf und hält ihr die Dienstmarke vor die Nase.

»Kripo Nürnberg, Polizeihauptkommissarin Carolin Schaller, und das ist mein Kollege, Polizeioberkommissar Axel Klein.«

Mama verdreht die Augen und schnauft: »Hat Lukas mal wieder was angestellt?«

»Frau Urban, dürfen wir kurz mit reinkommen? Es geht um Ihren Mann.«

»Wir wohnen doch schon lange nicht mehr zusammen, interessiert mich alles nicht mehr. Da müssen Sie bei seiner Neuen anklopfen.« Mama will die Tür zuhauen, aber der fette Bulle hat seinen Fuß dazwischen.

»Frau Urban, bitte, es ist wirklich wichtig. Wir sollten das nicht auf dem Gang besprechen.«

Mama flucht leise vor sich hin und schleppt die beiden in die Küche. »Lukas, gehst du bitte in dein Zimmer?« Strubbel sieht, dass ich hinter der Tür stehen bleibe, sagt aber nichts.

»Bitte, aufgeräumt ist nicht, aber nehmen Sie irgendwo Platz. Ja, schauen Sie sich ruhig um, so hausen wir, während der feine Herr ...«

»Frau Urban, bitte, wir sind nicht wegen Ihrer Ehe hier. Ihr Mann ist tot.«

»Mamaaaaa!!! Die Bullen lügen! Die Scheißbullen lügen, ich weiß es!« Und dann nehme ich Anlauf. Strubbel springt auf, kann aber nicht mehr ausweichen. Ich ramme meinen Kopf in ihren Bauch, wieder und wieder. »Du hast doch keine Ahnung! Was weißtn du schon? Papa kann gar nicht tot sein. Er hat versprochen, zu meinem Geburtstag zu kommen. Du beschissene Lügnerin!!! Ich hasse dich!!«

Der fette Bulle reißt mich weg und nimmt mich in den Schwitzkasten. Und dann kann ich die Pisse nicht mehr halten und heule.

Jetzt ist Mama auch aufgestanden. Sie zittert und klammert sich an der Spüle fest. »Seit ein paar Wochen nässt Lukas fast jede Nacht ins Bett. Hab wieder angefangen, ihn zu windeln ... und er ist so aggressiv. Weiß nicht mehr, was ich noch machen soll.«

»Mamaaaa! Hör auf! Das geht die Bullen alles gar nichts an!« Ich will wegrennen, aber der Fettsack umklammert mich immer noch.

Mama lässt sich auf den Küchenstuhl plumpsen. »Was ist mit Stefan passiert? Ist er mal wieder mit einem seiner Schlitten durch die Gegend gerast?«

»Er wollte heute Vormittag seine Freundin zur Arbeit fahren. Irgendjemand hat von einer Fußgängerbrücke aus Ziegelsteine auf die Münchener Straße geworfen. Beim Versuch, auszuweichen, muss Ihr Mann die Kontrolle über das Fahrzeug verloren haben. Das Auto hat sich mehrfach überschlagen und ist gegen einen Baum geprallt. Er war sofort tot, die Beifahrerin liegt schwer verletzt im Krankenhaus. Wir prüfen noch, ob eine gezielte Tötungsabsicht dahintersteckt. Vielleicht war er aber auch nur zur falschen Zeit am falschen Ort.«

»Aber ... wer sollte denn so etwas tun?«

»Frau Urban, hatte Ihr Mann Feinde, wollte ihm irgendjemand schaden?«

Mama schüttelt den Kopf.

»Hat er öfter das Auto seiner Freundin benutzt oder war das reiner Zufall?«

»Ich weiß es nicht. Ich hatte doch gar keinen Kontakt mehr zu ihm, nur ab und an wegen Lukas.«

»Und wo waren Sie heute Vormittag? Wir müssen Sie das fragen.«

»Hier, Lukas und ich waren hier, wo sonst.«

»Stimmt das, Lukas?«

Ich schaue Mama an und nicke stumm.

»Haben Sie denn schon irgendeinen Verdacht oder eine Spur? Die Straße ist doch so befahren.«

Verdammt, warum kann Mama nicht einfach mal die Klappe halten. Die checkt echt gar nichts.

»Wegen des Feiertages war nicht viel los, aber Zeugen haben einen Radfahrer wegfahren sehen.«

Mama schaut erschrocken zu mir rüber. »Echt?« Ich versuche möglichst cool auszusehen. »Bei dem Sauwetter?«

»Bitte rufen Sie uns an, wenn Ihnen doch noch was einfallen sollte. Jede Kleinigkeit ist wirklich wichtig! Lukas, das gilt auch für dich.«

»Ach, und Lukas, wir haben noch was für dich von deinem Papa. War in seiner Aktentasche.«

Als mich der Fette loslässt, schnappe ich mir den Umschlag und verziehe mich in mein Zimmer. Die sollen endlich abhauen!

Hey, Großer!

Happy Birthday!!!!!!!!

Tut mir leid, dass ich Dich in den letzten Wochen ein paarmal versetzt habe. Hatte viel Stress. Aber ich mach's wieder

gut. Bayern München gegen Dortmund – was meinst Du?
Nächsten Sonntag, wir zwei im Stadion, so wie früher?
Hab Dich ganz doll lieb!
Claudia mag Dich wirklich. Bitte gib ihr doch ne Chance.

PS: Du wirst immer mein Großer bleiben, auch wenn das Baby da ist!

Bussi.
Papa

Ich stürme in die Küche. »Du hast gesagt, dass er mich nicht mehr lieb hat, jetzt, wo das Baby kommt. Und dass die Schlampe an allem schuld ist und dass alles wieder gut wird, wenn die ein für alle Mal weg ist!«

Ich schlage auf Mama ein und spucke sie an.

»Lukas, so habe ich das ...«

»Die ist doch auch sonst immer alleine zur Arbeit gefahren ... immer, weiß ich ganz genau. Und jetzt ist Paps tot! Du bist an allem schuld! Ich hasse dich!!«

Mama hält die Hände vors Gesicht und wimmert vor sich hin. Und jetzt kommt sie auch noch auf mich zu und will mich umarmen. Das pack ich einfach nicht.

»Fass mich nicht an, hörst du, nie wieder!!!«

Plötzlich steht Strubbel neben mir. Diese verdammte Bullenfotze ist also immer noch da und hat alles mit angehört. Und jetzt flüstert sie dem Fettklops zu, dass ich noch nicht mal vierzehn bin.

Und, spielt das irgendeine Rolle?

Die Autoren

Helwig Arenz, 1981 in Nürnberg geboren, wuchs in Fürth auf. Sein geisteswissenschaftliches Studium in Erlangen gab er zugunsten eines Schauspielstudiums in Linz auf, das er 2006 abschloss. Engagements an Bühnen, u. a. in Hamburg, Wilhelmshaven, Memmingen und Hof, folgten. Seit 2013 arbeitet er als Autor und Schauspieler am Theater Pfütze in Nürnberg und am Stadttheater Fürth. Im Frühjahr 2013 gewann er mit seinem Kurzkrimi *Tom und Tierchen* den Publikumspreis des Fränkischen Krimipreises. 2014 erschien sein Romandebüt *Der böse Nik* bei *ars vivendi*.

Sigrun Arenz, Jahrgang 1978, studierte Germanistik, Theologie und Anglistik in Erlangen sowie an der Universität St. Andrews in Schottland. Sie lebt in Fürth und arbeitet als Gymnasiallehrerin, freie Mitarbeiterin für unterschiedliche Tageszeitungen und als Autorin. Bei *ars vivendi* erschienen ihre Kriminalromane *Das ist mein Blut* (2008), *Kühl bis ans Herz* (2009) und *Nicht vom Brot allein* (2012) um die Ermittler Eva Schatz und Rainer Sailer. 2014 wurde Sigrun Arenz mit dem Kulturförderpreis der Stadt Fürth für Literatur ausgezeichnet.

Veit Bronnenmeyer, 1973 in Kulmbach geboren und in Lauf aufgewachsen, absolvierte eine Ausbildung zum Schreiner und studierte Soziale Arbeit in Bamberg. Derzeit ist er als Projektmanager im Schul- und Bildungsreferat der Stadt Fürth tätig und schreibt regelmäßig für die *Fürther Freiheit*, eine literarische Rubrik der *Fürther Nachrichten*. 2009 erhielt der Autor den Agatha-Christie-Krimipreis

für seinen Kurzkrimi *Eigenbemühungen*. Beim *ars vivendi verlag* erschienen bisher seine Kriminalromane *Russische Seelen* (2005), *Zerfall* (2007), *Stadtgrenze* (2009) und *Gesünder sterben* (2012) mit dem Ermittlerduo Albach und Müller.
www.veit-bronnenmeyer.de

Theobald Fuchs kam 1969 im schönen Dörfchen Artelshofen im oberen Pegnitztal auf die Welt. Er studierte Germanistik, Mathematik und Physik und promovierte 1998 in Erlangen. Er ist Mitglied der Deutschen Physikalischen Gesellschaft und Mitgestalter der Veranstaltungsreihe *Radio Bernstein* in der Galerie Bernsteinzimmer, beispielsweise als Verfasser von Hörspielen und Moderator verschiedener populärwissenschaftlicher Sendungen. Seit 1997 schreibt Fuchs Glossen für die Satirezeitschrift *Salbader*. Später begann er, im Magazin *Titanic* unter der Rubrik *Vom Fachmann für Kenner* lustige Miniaturen zu veröffentlichen und Beiträge für die Kolumne *Fürther Freiheit* in den *Fürther Nachrichten* zu erdichten. 2014 gewann er mit seiner Geschichte *Der Tote im Wehr* den Jurypreis des Fränkischen Krimipreises.

Tommie Goerz (Dr. Marius Kliesch, geb. 1954) hat Soziologie, Philosophie und Politische Wissenschaften studiert, wohnt in Erlangen, ist verheiratet und Vater zweier Kinder. Nach zwanzig Jahren bei einem der größten Agenturnetzwerke der Welt war er Dozent für Text und Konzeption an der Georg-Simon-Ohm-Universität Nürnberg. Heute lehrt er an der Faber-Castell-Akademie in Stein und unterstützt die hl-studios Tennenlohe. Er gewann unter anderem den Bronzenen Löwen in Cannes

(2007), ist Mitglied im Syndikat und spielt in der Band *Hans, Hans, Hans und Hans*. Bei *ars vivendi* erschienen seine Kriminalromane *Schafkopf* (2010), *Dunkles* und *Leergut* (beide 2011) sowie *Auszeit* (2012) und *Einkehr* (2014) um den Nürnberger Kommissar Friedo Behütuns sowie die Kurzkrimisammlung *Der Tod kommt schnell* (2015). Im Herbst 2015 folgt mit *Schlachttag* der sechste Fall des eigenwilligen Kommissars.
www.tommie-goerz.de

Thomas Kastura, geboren 1966, lebt mit seiner Frau und seinen beiden Töchtern in Bamberg, studierte Germanistik und Geschichte und arbeitet als Autor für den *Bayerischen Rundfunk*. Seit 1998 veröffentlichte er zahlreiche Erzählungen, Jugendbücher und Kriminalromane. Thomas Kastura ist außerdem Herausgeber der Krimianthologien *Tatort Garten* und *To die, or not to die* (beide bei *ars vivendi*). 2012 erschien im *ars vivendi verlag* der Sammelband *Drei Morde zu wenig* mit seinen Brandeisen-&-Küps-Geschichten, 2015 folgte *Fünf Leichen zu viel*.
www.thomaskastura.de

Georg Körner, 1963 in Nürnberg geboren und bekennender Krimifan, lebt mit seiner Familie in Schwaig und ist als Betriebswirt im Einzelhandel tätig. Seine Kriminalgeschichten *Pauls Geheimnis* (2012) sowie *Der Mann im Wald* (2013) wurden beide im Rahmen des Wettbewerbs um den Fränkischen Krimipreis mit dem 2. Preis der Jury ausgezeichnet.

Dirk Kruse, 1964 in Geesthacht geboren, wuchs in Schleswig-Holstein auf. Nach einer Krankenpflegeausbildung

studierte er in Erlangen Politikwissenschaft, Germanistik und Theaterwissenschaft. Seit 1995 arbeitet er als Literatur- und Theaterkritiker, Nachrichtenreporter und *BR-Klassik*-Moderator für den *Bayerischen Rundfunk* in Nürnberg sowie als Rezitator und freier Moderator. Außerdem ist er Dozent für Literatur an der Hochschule Ansbach. Bei *ars vivendi* veröffentlichte er 2008 *Tod im Augustinerhof*, 2009 gefolgt von *Requiem*. 2012 erschien mit *Tod im Botanischen Garten* der dritte Fall seines Gentleman-Detektivs Frank Beaufort.
www.dirkkruse.com

Hans Kurz, Jahrgang 1961, ist Redakteur bei einer Tageszeitung in Bamberg. Er studierte Sinologie und Politische Wissenschaften in München, Taipei und Erlangen, jobbte als Taxi- und Kurierfahrer, als wissenschaftlicher Hilfsbibliothekar, im Buchhandel sowie als Übersetzer, Werbetexter, Kulturmanager und freier Journalist. Sein erster Kriminalroman heißt *Hühnertod* (2013). Ebenfalls bei *ars vivendi* veröffentlichte er gemeinsam mit Barbara Dicker 2011 *Das Bierkochbuch*, 2012 Das *Schnapskochbuch* und 2013 *Das Weinkochbuch*.

Killen McNeill stammt aus Nordirland und wurde 1953 in Kilrea geboren. Er studierte Germanistik, war in den Jahren 1973/74 Austauschstudent in Erlangen und zog 1975 nach Franken. Seit 1976 arbeitet er als Fachlehrer für Englisch an der Haupt- bzw. Mittelschule Scheinfeld. Er ist verheiratet und lebt in Unterlaimbach. Er schreibt Romane und tritt im fränkischen Kabaretttrio *McNeills & Winkler* sowie in der fränkischen Band *Nauswärts* auf. Sein Kurzkrimi *Pfarrers Kinder, Müllers Vieh* wurde 2012 als Siegergeschichte der Jury im Wettbewerb um den 1. Fränkischen Krimipreis ausgezeichnet. 2013 erschien bei *ars vivendi* sein Roman *Am Schattenufer*, 2015 folgte *Am Strom*.

Petra Nacke stammt aus Norddeutschland. Sie studierte Theater- und Literaturwissenschaft in Erlangen. In München absolvierte sie eine Ausbildung in Schauspiel, Gesang und Tanz. Heute lebt sie als freie Autorin, Sprecherin und Sängerin in Nürnberg. Seit 1997 ist sie feste freie Mitarbeiterin des *Bayerischen Rundfunks*. Gemeinsam mit Elmar Tannert veröffentlichte sie bei *ars vivendi* 2008 *Rache, Engel!*, 2010 *Blaulicht* sowie 2012 *Der Mittagsmörder*. 2013 erschien die von ihr herausgegebene Anthologie *Leiche sucht Autor*.
www.petra-nacke.de

Horst Prosch, 1964 in Neuendettelsau im Landkreis Ansbach geboren, lebt mit seiner Familie in Wolframs-Eschenbach. Er arbeitet als Bilanzbuchhalter, ist Mitglied im Kulturverein Speckdrumm e. V. (Beirat für Literatur) und Initiator und Leiter der Reihen »Erlesene Genüsse« im Kunsthaus Reitbahn 3, Ansbach, sowie »Literatur in alten Mauern« in Wolframs-Eschenbach. Auch für Lesungen ist er bekannt, etwa für Themenlesungen wie »Literatur und Schokolade«. Bei *ars vivendi* erschien 2008 eine Erzählung von ihm in *Smoke – Geschichten vom blauen Dunst*. 2014 folgte sein Kriminalroman *Blaue Bäume*. Für *Süß klangen die Glocken nie* aus der Anthologie *RauschGiftEngel* wurde er für den Friedrich-Glauser-Preis 2015 in der Sparte »Bester Kurzkrimi« nominiert.
www.horst-prosch.de

Jeff Röckelein, Jahrgang 1945, wuchs im Frankenwald auf. Er arbeitete als Tankwart, Gerichtsreporter und Zeitsoldat, unterrichtete Deutsch als Fremdsprache und war Dozent an der AKAD University Stuttgart. Heute lebt er als freier Autor, Übersetzer und Lektor bei Sigmaringen auf der Schwäbischen Alb. Sein Kurzkrimi *Ja verreck* wurde 2013 als Siegergeschichte der Jury im Wettbewerb um den 2. Fränkischen Krimipreis ausgezeichnet. 2014 erschien sein Romandebüt *Arme Hunde* bei *ars vivendi*.

Christiane Schuster, 1965 in Dresden geboren, lebt mit ihrer Familie in Nürnberg. Seit 2014 absolviert die Qualitätsingenieurin ein Fernstudium an der Schule des Schreibens.

Roland Spranger, geboren 1963, lebt in Hof. Neben seiner Tätigkeit als Autor arbeitet er in ambulant betreuten Wohnprojekten für geistig Behinderte. Roland Spranger wurde 1998 mit dem Stück *Tiefseefische* zu den Autorentheatertagen am Staatstheater Hannover eingeladen. Danach folgten mehrere Stücke und Auftragsarbeiten für deutsche Theater. Außerdem war/ist er in verschiedenen Live-Literatur- und Performance-Projekten aktiv. Sein erster Roman *ThRAX* erschien 2002. Sein Thriller *Kriegsgebiete* wurde mit dem Friedrich-Glauser-Preis 2013 in der Sparte »Roman« ausgezeichnet. Im November 2013 folgte der Roman *Elementarschaden*.
www.roland-spranger.de